北京理工大学关心下一代教育读物

桑榆情怀
我的奋斗足迹

Precious Memoirs
My Struggle Footprints

北京理工大学关工委秘书处　组编

北京理工大学出版社
BEIJING INSTITUTE OF TECHNOLOGY PRESS

版权专有　侵权必究

图书在版编目（CIP）数据

桑榆情怀：我的奋斗足迹 / 北京理工大学关工委秘书处组编. --北京：北京理工大学出版社，2022.11
ISBN 978-7-5763-1861-6

Ⅰ.①桑… Ⅱ.①北… Ⅲ.①北京理工大学–校友–生平事迹　Ⅳ.①K820.7

中国版本图书馆 CIP 数据核字（2022）第 222749 号

出版发行 /	北京理工大学出版社有限责任公司
社　　址 /	北京市海淀区中关村南大街 5 号
邮　　编 /	100081
电　　话 /	（010）68914775（总编室）
	（010）82562903（教材售后服务热线）
	（010）68944723（其他图书服务热线）
网　　址 /	http://www.bitpress.com.cn
经　　销 /	全国各地新华书店
印　　刷 /	保定市中画美凯印刷有限公司
开　　本 /	710 毫米×1000 毫米　1/16
印　　张 /	9.5
字　　数 /	176 千字
版　　次 /	2022 年 11 月第 1 版　2022 年 11 月第 1 次印刷
定　　价 /	68.00 元

责任编辑 /	申玉琴
文案编辑 /	申玉琴
责任校对 /	周瑞红
责任印制 /	李志强

图书出现印装质量问题，请拨打售后服务热线，本社负责调换

北京理工大学关心下一代教育读物 编委会

主　任：李振键

副主任：庞思平　杨　宾　刘淑艳

编　委：周立伟　张敬袖　李兆民　厉凛松
　　　　纪新华　郑秀华　宋希博　邹　锐
　　　　蔡婷婷　李振江　张爱秀　辛丽春

桑榆情怀
——我的奋斗足迹

主　审：李振键　张敬袖

主　编：邹　锐　蔡婷婷

副主编：李振江　辛丽春

编　辑：董建科　黄弗矜　周　莹　马　辉
　　　　杨自杰　谷　琳　李　响

Preface / 序

莫道桑榆晚，为霞尚满天。

北京理工大学是中国共产党创办的第一所理工科大学和新中国第一所国防工业院校，80余年来，始终听党话、跟党走，坚持为党育人、为国育才。一代又一代的北理工人传承"延安根、军工魂"红色基因，接力奋斗、弦歌不辍，走出了一条中国共产党创办和领导中国特色高等教育的"红色育人路"，立足国防传统优势、服务国家战略的"强军报国路"和面向未来、开放包容、融合协同的"创新发展路"。

延安精神，薪火相传。北理工的老教师、老教授、老同志们，胸怀"两个大局"，心系"国之大者"，退休不褪色，余热映初心。他们老骥伏枥，情怀深长，饱含对党的教育事业的无限热爱，积极投身关心下一代事业，继续发光发热、耕耘奉献。他们是对党无比忠诚的开拓者，是坚定执着的奋斗者，是红色血脉的传承者，是老有所为的践行者。他们春风化雨、言传身教，善做青年师生的知心人、热心人、引路人，为培养德智体美劳全面发展的社会主义建设者和接班人，不断倾注心血、贡献才智。

在中国关心下一代工作委员会成立25周年、30周年之际，习近平总书记都做出重要批示，强调："祖国的未来属于下一代。做好关心下一代工作，关系中华民族伟大复兴。""广大'五老'是党和国家的宝贵财富，是加强青少年思想政治工作的重要力量。"

桑榆情怀——我的奋斗足迹

在学校全面学习贯彻落实党的二十大精神，加快建设中国特色世界一流大学新的历史时期，深入学习贯彻习近平总书记对关心下一代工作的重要指示批示精神，要大力弘扬和传承老一辈北理工人的坚定信仰、奋斗精神和优秀品质，激励青年师生传承红色基因、赓续红色血脉，在新时代新征程上，踔厉奋发、勇毅前行。为此，汇集出版北京理工大学关心下一代教育读物之三——《桑榆情怀——我的奋斗足迹》。通过这本书，你能领略到老一辈北理工人爱党报国、拼搏进取的坚定信念，感悟到他们为党育人、为国育才的执着追求，也能感受到他们对当代青年学子不负韶华、奋斗成才的殷切期盼。

青年强，则国家强。习近平总书记在党的二十大报告中指出："广大青年要坚定不移听党话、跟党走，怀抱梦想又脚踏实地，敢想敢为又善作善成，立志做有理想、敢担当、能吃苦、肯奋斗的新时代好青年，让青春在全面建设社会主义现代化国家的火热实践中绽放绚丽之花。"

成功源于奋斗，奋斗成就未来。谨以此书献给新时代广大青年，传承长者奋斗精神，砥砺家国情怀，奋楫扬帆、激扬青春，努力成为担当民族复兴大任的时代新人。

是为序。

Contents 目录

北理足球二十年	杨　宾	001
展示红色基因　弘扬光荣传统		
——记参与我校第一座校史馆的筹备和建设	张敬袖	007
延安根　军工魂　哺育我成长	文仲辉	015
研制探空火箭的难忘岁月	李兆民	021
忆参加遥测"红箭-73"的往事	苏广川	024
半导体专业初创回顾	李印增	026
学习管理　努力创新	陈晋南	028
和学生们一起去支教	席巧娟	032
我的理工情怀	张文政	034
勇于实践　敢于担当　为国防现代化做贡献		
——一个尘封的小故事	蔡汉文	037
奋斗中成长　成长中奉献		
——811专业实验室的一些小故事	崔维继	040
怀念"142会战"的难忘岁月	赵衡阳	042
我的科研经历	白玉贤	045
《学位与研究生教育》杂志创办初期的历史回顾	陆叔云	047
回望	郝临华	058
发挥科技优势　确保校园平安	孟祥福	061
情系北理工60年		
——纪念北京理工大学成立80周年	龚元明	064
参加我国第一颗回收遥感卫星研制工作	明万林	068
渗硼技术为校争光	陈树旺	070
创建71专业的回顾	周木兰	074
与理工一路相随	卢懿生	080
伴随物理学院成长发展的几件事	张　瑞	083

留学丹麦	●朱伯申	088
回忆在火药教研室初创时的工作	●傅若农	094
与北理工同行	●鲍重光	096
东操场之恋	●崔维继	100
苦中寻乐	●邓仁亮	102
执教杏坛　倾心科研	●林鸿溢	106
为开创我国的知识产权事业所做的一点贡献	●刘淑敏	109
做青年学生的引路人	●李兆民	111
教书育人工作点滴回忆	●苏广川	113
热心公益　努力奉献	●陈晋南	115
教书育人心底甜	●董国耀	120
难忘的时刻　永远的珍惜	●张锦云	122
材料学的情缘与感悟 　　——庆祝北京理工大学成立80周年	●郑秀华	124
参加我校招生工作的点滴回忆	●周木兰	129
做一名一生无悔的教师	●姜世忠	132
在图书馆工作的点滴 　　——我在图书馆工作的十年（1996—2006年）	●曹树人	134
从物理教研室到物理系	●任光瑞	136
峥嵘岁月　不忘初心来路	●石德华	138
从教三十载　往事难忘怀	●万葆红	140

北理足球二十年

● 杨宾

2000年9月,北京理工大学举办了史上最为热烈隆重的建校60周年庆祝大会,开展了一系列有意义的纪念活动。全校师生以及来自全国各地的校友欢聚一堂,回忆往事,畅叙友情。校园里充满了欢声笑语。在众多活动中,有一项足球比赛,比赛的一方是我校刚刚成立的大学生足球队。这场比赛和这支球队当时并未引起大家的关注。

然而,从参加2001年首届飞利浦全国大学生足球比赛起到2020年的二十年间,这支足球队凭借辉煌的战绩,在中国高校和足球界产生了巨大的影响,成为我校师生和校友们值得自豪的一张名片,书写了一张张亮眼的成绩单。

* 全国高校大学生足球联赛的第一个三连冠。
* 全国高校大学生足球联赛的十冠王。
* 以我校足球队为班底四次代表中国参加世界大学生运动会,取得两次第七名的好成绩,这可能是中国足球在世界大赛中的最好名次。
* 以我校足球队为主的北京市大学生代表队,参加4次全国大学生运动会,取得一个亚军、三个冠军的好成绩。
* 2006年,第一支以大学生身份参加中国乙级职业联赛的球队,当年便获得冠军,冲入中甲职业联赛。在中国足球界引起轰动,众多媒体给予报道和积极的评论。
* 2007—2015年连续九年征战中甲职业联赛,取得过第七名的成绩。
* 代表中国赴非洲参加"卢旺达大屠杀十周年"系列纪念活动之足球友谊赛。
* 代表北京市赴香港参加"贺岁杯"足球比赛。
* 代表我校赴日本参加合作院校校庆友谊比赛。
* 代表中国高校参加大学生"亚洲杯"比赛获得第三名。
* 中国足球职业联赛运动员中唯一的博士球员出自北京理工大学足球队。
* 受中国足协委托赴广西柳州参加为当地贫困学生募资的慈善活动之足球比赛。

……

作为学校分管体育工作的校领导，我亲身经历了北京理工大学足球队建立、成长、发展的全过程。

1999年下半年，我的工作由分管纪委监察工作改为分管学生及体育工作。对于体育工作中高水平运动队建设的最初想法是建立一支女子篮球队参加 CUBA 全国比赛，通过电视转播扩大学校的影响力。2000年5月中旬，匡镜明校长转给我一封校友来信，信中极力推荐全国中学生足球比赛冠军队——人民大学附属中学足球队，球队的 20 名队员刚好是高三应届毕业生，面临着选择上哪所大学的问题。这支球队的 20 人四年在一起，强烈希望到同一所大学继续在一起踢足球。按道理，人大附中的学生直接上人民大学是顺理成章的事，但当时的人民大学足球队是北京市高校冠军，他们不愿意整体接收这支球队。据说人大附中足球队联系过清华大学，北京工业大学联系过人大附中足球队，但都没有结果。看到这封信后，我预感到这是一次机会，立即派体育部孟光云主任和王力老师去实地考察。考察后他们给匡镜明校长、焦文俊书记、俞信副校长和我写了一份报告，建议学校接纳这支球队。恰好在 6 月 3 日有一场这支足球队与山西省青年队进行职业乙级联赛的比赛。我当即向焦文俊书记做了汇报，并请他和学校热爱足球的一些中层干部到现场观看。比赛结果出人意料，这只中学生足球队以 6:1 胜了一支省级的青年足球队。这下接收这支球队心里更有底了。为了不影响和兄弟院校的关系，我两次与人民大学主管体育的校领导通电话，得到的回答是中国人民大学不会整体接收。这样在高考填报志愿时，我代表学校与人大附中校长刘朋芝签署了整体输送协议，并达成与BTV"三高"俱乐部共建这支足球队的共识。球队 20 名高三学生就全部填报了北京理工大学。高考下来，这 20 名学生符合当时高考政策，顺利被北京理工大学录取。在这支足球队考入我校的过程中，我特别感谢人大附中"三高"俱乐部秘书长李连江老师，他持积极开放态度，还派于奉璋教练（原八一青年队教练，副军职待遇）跟随足球队来我校继续执教足球队两年之久，为共同探索"三高"足球人才培养之路、为初创的足球队发展奠定良好基础做出了贡献。就此，北京理工大学足球队正式组队。这是学校足球队发展的第一个正确决策。

球队成立后的 2001 年，报名参加首届飞利浦全国大学生足球联赛，在取得北京赛区冠军后，赴上海参加全国决赛，取得季军。2002 年，赴大连参加第二届飞利浦全国大学生足球联赛，一举夺冠。2003 年，国家体委和教育部决定，以后参加世界大学生运动会完全由学生运动员参赛，全国大学生体育协会负责竞赛的组织。教育部大体协决定由全国大学生比赛的冠军队代表中国参加世界大学生运动会。因此足球项目的代表队就由 2002 年取得冠军的我校足球队组队参赛。为此教育部大体协选派原国安队主教练、国家队中方教练金志扬担任主教练，学校常务副校长李志祥担任领队。在金志扬主教练的调教下，球队的踢球理念、拼搏精神、技战术水平得到了迅速提升。当年 8 月，球队代表中国赴韩国大邱参加第 23 届世界大学生运动会，为此，学校还组织了由学生和教师组成的拉拉队到韩国为球队呐喊加油。在金志扬教练的指挥下，在队员们的顽强拼搏下，我校球队战胜了世界大学生足球劲旅乌拉圭队和英国队，取得了世界第七的好成绩。中国足协副主席及教育部的领导还亲自到首都机场欢迎球队凯旋。球队稍加调整休息后，便奔赴四川成都参加第三届飞利浦全国大学生足球联赛。每场比赛平均赢对手四个球。半决赛对阵的是由上海申花二队组成的东华大学足球队。据说，他们准备了 30 万元的奖金，夺冠后奖给队员。比赛激烈，打平后点球决胜负，最终我校足球队以 10:9 取胜，第二次夺得全国冠军。2004 年，金志扬率队参加在武汉举行的第四届飞利浦全国大学生足球比赛，再次夺得冠军，一举实现三连冠。之后金志扬又率队参加全国职业足球乙级联赛取得冠军，冲入中甲。应该说北京理工大学足球队取得今天的成绩，金志扬教练功不可没。2003 年，学校决定将时年 59 岁的金志扬教练调入北京理工大学任教，并担任学校足球队主教练。这是学校足球队发展的第二个正确决策。

2005 年，我召集体育部及相关部门的领导在北京稻香湖开了一个足球发展研讨会。经过讨论，大家一致认为学校足球队应该向更高层次发展，只有同更高水平的足球队进行训练比赛，才能确保在中国大学生足球运动层面保持绝对优势，才能在世界大学生足球比赛中有实力与对手拼搏。稻香湖会议决定，从 2006 年起参加全国乙级职业足球比赛。此后每年学校足球队都与职业足球队进行 30 余场高水平的比赛，这使得我们学校足球队的实力和水平保持在一个较高的层面，也为我们有实力参加全国大学生联赛，代表北京高校参加全国大学生运动会，代表中国参加世界大学生运动会，并取得优良战绩奠定了坚实的基础。回过头来看，稻香湖会议是我们学校推动足球向更高水平发展的第三个正确决策。

对于足球这项运动我是个外行，但是做好任何一项工作的着力点则是相同的。为此我从以下六个方面做起。

第一是要着眼于长远，看准方向，及时做出正确的决策。以上所述的三个正确决策确保了学校足球队健康、稳定、高水平的发展。

第二是充分相信和依靠主教练，不仅不干涉主教练的工作，而且要全方位支持并做好保障工作，及时解决教练提出的问题，使教练在无后顾之忧的情况下，放心大胆地发挥专业特长，心无旁骛地做好日常训练和比赛指挥。二十年间，作为教练的金志扬、于奉璋、王力、曹限东、边利军、张宁、袁炜、十飞、李海河为球队的发展尽心尽力，特别是金志扬教授对足球队的高水平发展起了至关重要、不可或缺、定海神针的作用。

第三是关心学生球员的学习和健康。对于足球队，首先立足于对人的培养。他们第一是学生，其次才为球员。为使学生学习、比赛两不误，学校决定体育特长生为五年学制。根据学生实际和社会需求，对课程设置进行优化。对技术水平高和学习成绩优秀的学生，给予免试保送研究生的激励。对足球队进行开放式管理，鼓励足球队员积极参加学校及学院的各项社会活动，拓展他们的素质，提升他们适应社会的能力。在足球队设立党、团支部，先后由付大军、梁昊、卢斌担任足球队辅导员，在世界观、价值观、人生观上对球员进行正确的引导，使他们具有坚定的理想信念、爱国主义情怀、高尚的品德情操。同时，关心学生球员的身体健康，设立小灶让学生球员吃好，最早为学生球员宿舍安装空调，让他们休息好。去外省市比赛乘坐飞机，只为给他们节约时间，减少旅途奔波的劳累。

第四是坚持高水平的训练和比赛。2003年以来的寒假，基本上都安排球队去韩国和土耳其，与国外足球强队进行比赛训练，保持高水平、高质量的冬训。二十年来，足球队除日常训练外，平均每年进行不低于六十余场的比赛，其中一半以上与强于我们的球队进行比赛。以赛代练，不仅有助于运动员技战术水平快速提升，特别有助于提升运动员比赛场上的应变能力和培养强大的心理承受能力。比赛中，我们的足球队在处于被动局面的情况下，能够临危不慌、沉着冷静，结果反败为胜，这样的例子很多。高水平的海外训练和高频次的与强手实战比赛也是我们始终保持优势的不二法门。

第五是党委、行政对发展足球队决策的坚定支持，以及各部门的积极配合尤为重要。焦文俊书记、匡镜明校长、李志祥常务副校长、郭大成书记、胡海岩校长、赵长禄书记多次到场观看比赛，并与运动员见面，给予运动员勉励。张炜书记、张军校长也高度称赞足球队为学校争了光，添了彩。校主要领导讲话中多次提到要学习足球队的拼搏精神，为学校争荣。二十年间，尽管分管体育工作的校领导不断更替，先后有我、李和章、项昌乐、汪本聪，但每任领导都一如既往、坚持不懈推动学校足球队向前发展。体育部主任刘启孝、张鹏增、韩棋、董兆波为足球队发展付出了心血，为球队发展做出了积极贡献。队医翟铁金精心为球员疗伤按摩，受到球员好评。学校办公室、后勤集团、保卫处、学生处、团委、学生会、教务处、研究生院、招生就业处、管理与经济学院等都给予鼎力支持。学生啦啦队逢场必到，为球队鼓劲呐喊。还有一批学校中层干部，每赛都亲临现场为足球队加油助阵。付梦印、汪本聪还曾出任足球队领队。段炼作为随队摄影，拍了很多精彩的照片，及时进行了发表，很好地宣传了足球队。杨海滨、王颖还专为足球队队歌《足球季风》谱曲，校友杨洋为歌曲《北理，加油》谱曲。这一切，都为足球队营造了良好的发展氛围。

第六是争取得到社会各界及校友的广泛支持。2006年，足球队取得了乙级职业联赛的冠军，按规定晋级职业中甲联赛。但是，我们足球队运动场的观众席位数、运动队的梯队建设，以及满足注册资金的工商法人单位，这些都不符合中甲职业联赛的要求。对此，我们多次向北京市足协和中国足协反映情况，争取支持。最终得到了北京市足协和中国足协的理解，支持我们走体教结合的创新之路，同意参加中甲联赛。直到 2015 年学校才正式进行工商登记，注册了北京理工大学足球俱乐部。校友曾庆红十分关心学校足球队，多次询问了解足球队的情况。全国人大常委会农委主任委员、重庆市人大常委会原主任王云龙，全国人大法律委员会副主任委员、吉林省原省长洪虎，北京市副市长范伯元，都曾经现场观看比赛，给足球队以鼓励。特别是范伯元副市长不仅亲临学校赛场观战，还远到四川成都、上海现场观战，给了足球队极大的鼓舞。北京市大体协主席杜松彭更是多次在北京和外地赛场观看比赛，在球队困难的时候，给予了精神和物质上的支持。中国大体协的领导，多次观看比赛，给球队以重要的指导。在足球队准备参加中乙联赛时，首次得到许勤校友介绍的浪潮集团 100 万元的赞助；冲入中甲后，中国兵器工业总公司马子庚总经理亲自协调所属企业和院所，给予 600 万元的赞助。之后，足球队陆续得到北京华旗资讯数码科技有限公司、361 服装公司、贵人鸟公司等企业的赞助。2017 年，北理工足球俱乐部与西班牙雷乌斯竞技足球俱乐部管理的竞佳竞有限公司合作，致力于将足球队打造成国内职业赛中的强队。另外，电视台及报刊也多次转播和报道北京理工大学足球队的比赛，并给予了很多积极的评价。这些都为足球队注入了发展的动力。

二十年来，足球队带给了我们喜悦，同时也留给我们一些有益的启示。

（一）足球队二十年的发展历程是对体教融合、体育回归教育、足球回到校园的成功实践。无论在接受采访、被邀论坛演讲，还是中央领导座谈会上，金志扬教授都结合北理工的实践，大声疾呼体育要回归教育、体教要结合、足球要从基础做起、足球要回到校园、要培养高素质有文化的足球运动员。这些无疑对中国校园足球的发展起到了积极的促进作用。

（二）足球队是学校的一张名片，对于提升学校在国内国际的影响力，对于凝聚校友、关心母校发展具有独特的作用。也正是二十年前校友怀着对母校无比关心的情感写给校长的那封信，促成了北京理工大学足球二十年的一段佳话。

（三）足球队在以人为本，培养高素质、有文化、技术过硬的足球运动员方面的探索，为中国足球界提供了有益的借鉴。

（四）足球队学生经过多年足球训练比赛的磨炼，其拼搏精神、团队意识、心理承受能力、规则意识等方面优于同期毕业的大学生，步入社会后适应力强、成才率高，许多足球队学生已经成为单位的骨干。据不完全统计，至 2020 年，足球队毕业学生 102 人，其中博士 1 人、硕士 47 人、学士 54 人。他们中在大学任教的有 7 人、机关 10 人、银行证券业 19 人、自主创业 9 人、外企及民营企业 14 人、足球教练 13 人、职业队踢球 13 人……

（五）学校足球队毕业的学生仍然活跃在足球运动场上，有的作为教练，有的是场上中坚，成为推动群众足球运动开展的积极力量。

桑榆情怀——我的奋斗足迹

今年是北京理工大学80年华诞。北理工足球队二十年来的成绩，是北理工体育发展史上浓重的一笔，也是一份送给母校的厚礼。我们可以自信地说，以二十年为限，今后我国任何一所高校的足球体育项目，都很难超越北理工足球队所取得的成绩！

（作者原单位：党委办公室/行政办公室）

展示红色基因 弘扬光荣传统
——记参与我校第一座校史馆的筹备和建设

● 张敬袖

2009年5月,为迎接学校70周年校庆,在学校党委领导下,由当时的党委副书记侯光明牵头,成立了学校校史馆筹备组。我作为离退休老同志的代表,有幸参加了筹备和建设工作。至2010年9月正式建成开馆展览,历时近一年半。在这段时间里,我和档案馆副馆长王民、离退休分党委副书记郑焱等同志一起,克服了种种困难,完成了这一历史任务。

自然科学院黎雪同志在作者陪同下参观校史馆

一、明确指导思想

我校历史上曾多次举办过临时性的校史展览,但节日一过,便被撤展。这一次校领导下决心要办一个永久性的校史馆,作为对外宣传展示的窗口、对学校师生进行校史学习和传统教育的课堂和基地;尊重历史、突出重点,挖掘校史的亮点,突出学校在几十年办学历史中对国家、对国防事业、对高等教育事业的贡献;展示学校各个历史时期发展建设的经历和取得的成就,认真总结不同历史时期的办学方针、办学思想,总结各个时期办学的宝贵经验。校史馆的创办要努力做到人与事结合,注重以人为本;校史与办学思想结合,注重思想内涵;历史与现实结合,注重一脉相承。校史的前几部分要注重展示历史,近期部分要注重学校建设的成果;要突出学校是中国共产党创办的第一所理工科大学,新中国第一所国防工业院校的光荣传统;要突出延安精神是学校历史传承的命脉;要突出全校十六万校友、师生为国防建设无私奉献所体现的强军梦、强国梦、富国情的崇高理想,突出经过几十年的奋斗、建设,学校桃李芬芳、英才荟萃、硕果累累,形成先进的办学方针和育人理念,为高等教育和服务社会做出的卓越贡献。

中国延安精神研究会领导在焦文俊书记和作者陪同下参观校史馆

二、做好调查研究和各项准备工作

(1)学习兄弟院校的经验。先后到中国人民大学、北京科技大学、北京交通大学校史馆进行参观学习,听取他们对办好校史馆的经验介绍。

(2)在侯光明副书记带领下,组织有关同志去革命圣地延安,开启"寻根问祖"之旅。我们参观了延安纪念馆、抗大纪念馆、延安大学校史馆、我校前身延安自然科学院办学旧址,与延安大学的领导进行座谈交流。王民同志利用休息时间专门到延安市场上调查并设法买到了当年延安出版的《新华日报》和有关资料、劳动工具等物品。延安之行收获满满，不仅使我们重温了延安办学的历史，重新感受了延安精神，也使大家增强了办好我校校史馆的信心。

"寻根问祖"之旅，在延安革命纪念馆前合影

70周年校庆前，延安市委市政府郑重向我校捐赠了现放置在中心教学楼前由李鹏同志亲笔题词的"延安石"。学校结合校庆前开展的"学史建碑"教育活动，专门拨出经费，在延安办学旧址树立了新的校史碑。

（3）召开一系列座谈会，广泛征求熟悉我校校史的有关领导、专家和教师对筹建校史馆的意见、建议，收集了资料，对我校各个历史时期的办学思想、办学方针、办学规划、办学成效等进行了认真的研究、探讨。谈天民、焦文俊、严沛然、马志清等原校领导，曹青阳、李国光、匡吉、吉多智、吴大昌、戴永增、马庆云、方嘉洲、周本相、魏宸官、高德惠、娄史进、杨东平等有关专家、教授多次参加座谈会、讨论会，为校史馆的筹建提供了大量的建设性意见，有力地支持了我们的工作。

（4）正式发出通知，向全校师生征集校史馆有关展览资料和实物用品。

（5）在学校有关部门支持下，迅速确定了校史馆馆址和有关展馆的装修工作。

三、进行内容编辑和展示设计

校史馆筹备组的办公地点就设在了档案馆的大会议室。王民同志当时任学校档案馆副馆长，筹备组成员充分利用借阅学校档案资料的方便条件，加班加点，在较短的时间内，就编辑出了校史展览的框架初稿。经过认真讨论，校史馆内容确定分为五个篇章，设立5个展馆。第一馆是1940年年初—1945年年底，大约6年的延安自然科学院办学时期。最初的馆名叫"延安诞生，茁壮成长"。第二馆是1946年年初—1951年年底，又是大约6年时间，是学校辗转华北，最后到达北京的办学时期。这段时间也是学校办学由最困难时期到北京办学的转变时期。最初的馆名叫"辗转华北，迎来曙光"。第三馆是1952年1月—1976年9月（"文革"结束），大约24年，是建设新中国第一所国防工业院校的创办发展时期。最初的馆名叫"光荣使命，服务国防"。第四馆是1976年10月—2000年10月，又是24年，是国家进入改革开放时期，到学校进入"985院校"行列的关键发展时期。最初的馆名叫"改革开放，谱写华章"。最后，第五馆是2000年10月—2010年10月，是10年"985工程"建设时期，最初馆名叫"激情进取，创新辉煌"。

谈天民书记、王民馆长与作者在自然科学院四位校长塑像前合影

以我和王民为主的几位编辑同志，一遍遍仔细认真地修改编辑内容，一张张精挑细选地选择展出的照片，无数次研究变更每块展板的构图形式。最初确定的展板大约70块，各种参展照片800余张。

我们深深体会到，展览的编辑设计过程也是我们重新学习校史，再发现、再发掘、再研究的过程。

1. 有许多新的发现

王民同志不辞辛劳，多次到中央档案馆查阅与我校历史有关的文件资料，惊喜地发现了一份珍贵的历史文献,就是现在放在第一馆里,可称为"镇馆之宝"的一份复制文献。那是1940年年初,担任陕甘宁边区财政部副部长的李富春同志给中央书记处写的关于自然科学院院长人选的请示信。以毛主席为首的党中央领导经过集体讨论,慎重研究,最后决定还是由李富春同志兼任自然科学院首任院长。毛泽东同志和几位中央书记处的领导,包括洛甫(即张闻天)、陈云、陶铸等同志都在李富春同志的信上亲笔签名,可见当时中央领导对成立自然科学院的高度重视。延安自然科学院于1940年5月正式招生,9月1日正式举行开学典礼,再一次证实了我院建校的具体时间。

再就是进一步发掘了国际友人路易·艾黎对自然科学院建校的重大贡献。在学院筹建期间,他作为"中国工业合作社"(简称"工合")领导人,不仅和当时的边区主席林伯渠、自然科学院副院长陈康白等领导一起,参加了自然科学院的选址活动,还积极为自然科学院筹集建设经费,购置教材教具,在敌占区通过宋庆龄、周恩来同志把崭新的教学仪器设备转运到陕北自然科学院,给学校建设提供了无私援助。

重新发掘和整理了自然科学院副院长陈康白,教师武衡、华寿俊夫妇,乐天宇、杨作材等人对边区开发优质盐田、发展石油工业、发明马兰草造纸技术、发现开发南泥湾、设计建设千人大礼堂(七大会址)和中央办公楼等方面做出的卓越贡献。

重新发掘和明确了我校在河北办学最困难时期,中央领导和边区工业局副局长刘鼎对我校生存发展的重大支持。

这期间,还找到了一些从未见过的珍贵照片,如李鹏同志很年轻时在自然科学院的照片,魏思文院长在山东参加社教运动劳动的照片,陈荩民教授参加"五四运动"时的照片,等等。

2. 明确了一些重要事实

譬如,关于我校开创的若干个新中国"第一"的提法。我校是党创办的第一所理工科大学,是新中国第一所国防工业院校。20世纪50年代,我校建设了新中国第一批常规兵器专业、第一批火箭导弹专业,招收了第一批国防专业的研究生,等等。重新调研明确了广大师生熟知的几个新中国第一:1956年6月,我校研制成功新中国第一套电视发射接收装置并报邮电部确认备案。1958年7月,我校师生试制的新中国第一台大型天象仪调试成功,国庆节在北京天文馆成功进行演示。1958年9月,我校成功发射新中国第一枚固体燃料二级探空火箭;1959年,研制成功我国第一枚"265-1"反坦克导弹。再如,70年代我校研制的"红箭—73"反坦克导弹成为正式装备部队几十年的著名武器。还有1m和3m焦距远程照相机、小860雷达、8701高能混合炸药等突出科研成果,在展览中都如期亮相。

我国"两弹一星元勋""导弹之父""航天之父"钱学森,1955年冲破种种困难回国以后,多次到我校指导火箭导弹专业建设,特别是在固体燃料火箭的设计工作方面，为我校学科发展做出了重大贡献。在 70 周年校庆前，我和宣传部领导专程到清华大学美术学院，商请王洪涛教授为我校设计制作了钱学森同志的塑像，竖立在我校图书馆旁，作为对钱老的永久纪念。

另外，我们还重新调研和搞清了学校在不同历史时期的上级领导的隶属关系。查实明确了学校历届主要领导人的任职时间，等等。

3. 进行了一些创新性的尝试

为了更明显地吸引观众的注意，我们在展馆外墙上展示了毛泽东、刘少奇、周恩来、邓小平、江泽民、胡锦涛、习近平等党中央领导接见我校师生的合影，以及我校各个历史时期校门的照片。

在第一馆，专门制作了延安自然科学院四任院长李富春、徐特立、陈康白、李强同志的集体大型塑像。在馆内首次制作了自然科学院杜甫川校址的沙盘模型。收集展示了延安办学时期的学习书籍和学生笔记，造纸的马兰草以及各种劳动工具实物。其余几个展馆也收集展示了一些突出的有历史意义和代表性的实物。如辗转河北办学时的一些实物、70 年代我校研制的"红箭—73"反坦克导弹实物、我校校友担任总师设计的火箭的模型等，以增强展览的感染力。在后两馆还利用我校光电学院的最新科研成果引入一些灯光图像展示技术，增强了展览的特殊效果。

4. 增加了中法大学的有关展示内容

我校在华北大学工学院办学时期，奉命进入北京办学，中法大学校本部和数理化三系并入我校。中法大学的一批著名学者、教授进入我校，成为学校办学的重要财富和力量，增强了我校数理化基础学科师资队伍的水平和知名度。中法大学也成为我校办学历史上的重要渊源之一，对促进我校发展起到独特作用，是我校办学历史上浓墨重彩的一笔。胡海岩校长在认真审定编辑的各展馆内容后，专门听取了筹备组的汇报，特别提出要关注和中法大学合并办学这一段校史的研究。此后，我们专门增加了这部分的展览内容。

5. 突出了重点，形成鲜明特点

在五个展馆中，重点突出了第一、第五两个展馆的内容，特别是第一展馆延安办学时期的光辉亮点。徐特立作为我党德高望重的著名教育家，一到延安就接替李富春任自然科学院院长。他倡导的"群众本位"和教学、科研、经济"三位一体"的教育科学发展方针，尊重知识、尊重人才、教育民主的办学思想，以及"实事求是，不自以为是"的优良学风都闪烁着教育思想的光辉。延安办学六年，开创了党创办理工科大学的先河，以正确的办学方针和先进的办学思想培育了 500 多名精英。他们当中很多人成为无产阶级革命家、科学家和建设新中国的栋梁之材。除国家领导人，还有 9 位专家成为中国科学院学部委员和科学院院士，涌现了 8 位部长和多位部级以上领导。延安自然科学院的办学思想和办学实践对党的教育事业做出了卓越贡献，是党和人民教育事业的宝贵财富。

第五展馆突出展示了学校自 2000 年实施"985 工程"以后所取得的辉煌成果。学校建设发展迅猛，师资队伍实力不断增强，人才培养体系更加完善，培养质量不断提高，科研创新能力和科研水平、社会服务水平有了大幅提升，党建思想政治工作成绩显著。第五展馆中展示的 200 多名校友中的院士、将军、省部级以上领导、著名企业家、劳动模范等杰出人才，以及学校在国庆 60 周年大阅兵中所做出的杰出贡献，成为展览最吸引人的光辉亮点。

整个展览形成了以下几个比较鲜明的特点：

（1）突出了学校的光荣传统，延安精神贯穿始终，几代人艰苦奋斗形成了"延安根、军工魂"的红色基因。

（2）突出了学校在不同历史时期所具有的先进办学思想和育人理念，如坚持为国家中心任务服务的办学思想，坚持传承"三位一体"的办学模式，坚持德育为主、以德育人、全面发展的办学方针，坚持"爱党报国、矢志国防"的坚定意志和学校精神。

（3）突出了人才培养的硕果，16 万校友绝大多数在国防战线无私奉献。

（4）突出了学校科技成果和服务社会的贡献，集中体现在学校取得的若干新中国第一和近年来的创新成果，等等。

四、完成布展　顺利开馆

为了更快更好地完成展馆布展工作，我们本着精打细算、节约开支的精神，通过招投标选择了展览制作公司。经多次协商，本着多快好省的原则，仅花 150 万元就顺利完成了整个展览的装潢布展工作，其中也有学校后勤部门和档案馆的慷慨支持。

为了提前按计划开馆展览，王民、郑焱和我抓紧从低年级大学生中招募选拔了几十名讲解员，经过短时间培训，形成了一支高素质的讲解员队伍。

经过校领导和有关专家的审查，对有关讲解内容进行了认真修改补充，不久即进入预展阶段。胡海岩校长做出明确指示：校庆之后要做出计划安排，把校史馆作为传统教育的阵地，让每个学生都要参观受到教育。

结　　语

回想筹备校史馆的日日夜夜，虽然付出了艰辛的劳动，但看到广大师生和各级领导、来宾、校友踊跃参观的热情和一致肯定，我们付出的一切都是值得的。校史馆是领导支持、专家把关、全校师生关心帮助、筹备组集体团结奋斗的结晶，也是弘扬我校光荣历史、光荣传统的一个新起点。

桑榆情怀——我的奋斗足迹

　　从校庆70周年到现在又过去了十年时间,学校正在迎接建校80周年的盛大节日。2017年,学校又投资两千余万元在新落成的国防科技园建设了崭新的、在全国高校也属一流的新校史馆,在展览内容和装潢设计上都上了一个大台阶。在王民馆长的领导下,又精心设计建成了新的武器馆。学校正在以全新的姿态和面貌,向世界一流大学进军。我们衷心祝愿学校展开腾飞的翅膀,向新的目标、新的辉煌前进。

我校离退休教职工第13党支部党员参观校史馆

（作者原单位：党委办公室/行政办公室）

延安根　军工魂　哺育我成长

● 文仲辉

听党安排　献身国防

1954年高考时，我刚填好志愿表的第二天，团市委书记找我个别谈话，要求我报考特种工业专业，选择北京工业学院或北京航空学院。我当即痛快地表了决心——"服从革命需要，听党的安排"，并且表示："北京工业学院有更多的国防专业，我就报考北京工业学院吧。"

就这样，1954年8月23日，我们一批考上东北、华北的大学的新生，由西南空军司令部的一个汽车连护送，翻越秦岭，经宝鸡、郑州换乘火车后，于1954年9月3日抵达北京。当天，北京工业学院用三辆大轿车把我们这批新生从前门火车站接回学校。一位校领导给我们介绍了学校的情况后，各系的领导就来向大家宣布了各自分配的专业，并领着大家去各自的班级。一时间新生们议论纷纷，相互询问专业，有的学火炮专业，有的学轻武器专业，有的学炮弹专业，有的学引信专业，有的学坦克专业……诉说长短，评论优劣。我独自在一边欣赏延安大楼，领悟校领导讲的延安精神，暗中想："都是国防需要的，差不多，听党安排就是。"我被分配到了炮弹设计与制造专业。

大学四年级的上学期，我们班完成西安某厂工程训练实习后，刚回到学校的第三天，我们的党支部书记找我个别谈话：为了适应国防建设需要，我们学校要发展建设新专业，准备调我去火箭导弹专业学习，问我是否同意。我没等书记说完，就高兴地回答："我非常愿意，这是我盼望很久的事。"书记接着又讲了一些要求和保密规定，我都满口答应，并保证按照要求和规定严格认真地执行。

到新专业后遇到的新情况是：多数教师都很年轻，也是刚从各专业调来不久；教材、设备很缺乏；我们得跟老师们一同搞科学研究。因此，我们经常要到各处查文献、找资料、进行调研，还得随时参与老师的设计计算和实验。我们这一群年轻人在一起很投缘。我们常在一起学习、实验、画图、计算，有时还一起讨论科研方案，研究学科内容。经过一年多的时间，专业课学完了，该准备结合科学研究进行毕业设计了，大约是在1959年春节后，我们的党支部书记也是专业教研室副主任，找我谈话：随着学校发展，新专业建设需要教师，经过研究，决定让我提前毕业做教师，问我是否愿意。我稍加思考之后，表示"国防建设需要人才，我服从分配，听党安排"。支部书记马上就给我布置任务：第一，指导我们班三个同学做毕业设计；第二，准备写讲义、备课，给三年级同学主讲"火箭技术概论"；第三，给周伦岐教授的"火箭导弹总体设计原理"做教学辅导；第四，准备做青年团支部书记……。就这样，我从一个不太懂事的孩子变成了祖国国防战线上的一名干将，后来被培养成了导弹专家。

适应需要　勇攀尖端

1958年，各高等院校大搞科学研究，当时提出的口号是"敢想敢干，勇攀尖端"。我们北京工业学院的广大师生，在老院长魏思文的领导下，干劲十足。我们专业的师生更是一马当先，在魏院长亲自带领下，提出要为祖国研制第一枚导弹。经过我们系（当时的第四机械系）师生反复讨论研究，决定首先研制反坦克导弹，并经魏院长同意，定名为"265-1"。

导弹技术是当时世界的尖端新技术，只有少数国家掌握这种技术。在中国，当时的国防部第五研究院在钱学森的领导下，刚刚起步开始研究。反坦克导弹虽然个小，可是它也是导弹呀，"麻雀虽小，五脏俱全"。所以，我们当时动员了导弹总体、发动机、制导系统、推进剂、发射系统、导弹制造等专业，联合了战斗部、引信、光电、遥控、遥测、控制元件及材料等学科的有关专业的系、室，在院领导的直接领导下热火朝天地干了起来。我当时还是一个尚待毕业的学生，跟着专业老师参加导弹总体设计，并参加发动机试验，有时还跟专业老师一同去靶场联系安排飞行试验。

经过系统分析与总体设计，各主要分系统先分别进行试验研究，然后进行联合试验及飞行试验。飞行试验首先要进行无控飞行试验，无控飞行试验的前提是发动机系统必须地面试验成功。因此，一开始就狠抓发动机系统的试验研究。

发动机系统的设计与试验研究，是在极困难的条件下开始的，没有资料，没有文献可参考，更没有材料数据可利用。因此发动机专业、总体专业的师生几乎全部投入，到处找参考书、查文献，收集原始数据和材料，甚至去外地的图书馆、资料室与相关单位。经过一段时间的调查研究、设计计算，绘制出了发动机和实验装置的图纸，经工厂加工出产品后，先在试验台上进行试验。由于缺乏经验，估计不足，出了很多问题，也走了不少弯路。第一次试验就把试验台损坏了，经过分析发现，原来的试验台结构强度满足不了发动机的大推力要求。于是将试验台重新设计加工后，再试，又出现发动机喷出火焰烧毁其他装置的问题。于是将发动机的立式试验台改为卧式试验台，重新设计、加工、安装后继续进行试验。试验中，还出现过点

延安根　军工魂　哺育我成长

火失灵、喷管烧损等问题，但最终都被一一解决。广大师生不分白天黑夜，苦战了两个多月的时间，终于取得发动机地面试验的成功。

发动机试验成功后，紧接着就在我们联系安排好的南口靶场进行无控飞行试验。第一次无控飞行试验准备了两发弹，第一发弹发射出去后仅飞行了几十米就掉在地上了。接着发射第二发弹，飞行了大约200米多一点，也掉地上了。根据观察，导弹飞行姿态很不稳定，飞行轨迹（弹道）变化剧烈。经过测量与分析研究，大家一致认为是弹翼的几何外形设计不合理，几何尺寸偏差较大，位置安装不准确。于是重新设计外形，调整布局。弹翼设计在做了较大的改进后，重新准备了三发弹到靶场进行第二次无控飞行试验。三发弹飞行情况都比较稳定，飞行距离也有较大增加，射程最大的一发有 2 000 米多，接近要求的射程。经过研究讨论，决定先做放线无控飞行试验，制导系统和控制部件积极准备，到系统调试稳定后再进行有控飞行试验。第一代反坦克导弹都是有线制导，放线装置和导线是很关键的分系统。所以，接着我们就狠抓导线和放线装置的研究，经过一个多月的准备和研制，就将导线及放线装置安装在导弹上。放线无控飞行试验进行了几次，都不顺利，直到1958年7月29日—8月1日早晨的试验才取得一定的进展。

"265-1"反坦克导弹研制取得放线无控飞行试验进展时，正好赶上学校 1958 年 8 月 1 日的献礼活动，该项目成为献礼的重大项目之一。由于导弹技术是当代的尖端新技术，并且在国内首次展出，引起了中央领导人的高度重视。当时的中央领导人除了毛泽东以外，周恩来、刘少奇、朱德、邓小平等都去参观了。国防部部长彭德怀还专门举行宴会招待北京工业学院的校领导和专家教师代表。北京工业学院也因"265-1"反坦克导弹扬名全国。从此国内有关反坦克导弹的科学研究、科技会议、科研任务等都必然邀请北京工业学院参加。北京工业学院为"J-201"反坦克导弹、"红箭-73"反坦克导弹、"红箭-8"反坦克导弹、"红箭-10"反坦克导弹的成功研制与装备部队，都做出了重大贡献。

就在这同一时期后不久，我还有幸参加了由魏思文院长任总指挥、武光（原北京航空学院院长）任政委的国防科学技术委员会所属高校联合研究"119-2"防空导弹项目，以及改进研制"红旗-2"防空导弹、为某友好国家研究"7161"战术弹道导弹等项目。我进入导弹行业之后，先后参与了若干研究和研制导弹（火箭）项目，在攻克尖端新技术方面贡献了微薄之力。

不畏艰险　努力奠基

1971年年底，当时飞行器工程系的领导召集我们一批人布置任务，要求我们对某反坦克导弹进行测绘分析。我们接受任务后，通过对该导弹的进一步观察发现，这是一枚有线制导的第一代反坦克导弹，而且是正在实际战争中使用的实弹。我们经过分析讨论，提出建议：将参与工作的人员按照导弹的组成分为若干组，即战斗部组、制导系统组、弹上控制部件组、地面控制箱组、发动机组、导弹总体与弹体组等。各组分别开展工作，由导弹总体组进行协调。我在导弹总体组负责弹体测绘工作。由于导弹是带有火炸药等危险品的实弹，为了保证安全，需要很多安全防御设备与装置，各组分别回各单位开展工作。

我们测绘分析的目的，是为组织生产的工厂提供产品的图纸和技术资料，所以要求非常严格。可是提供测绘分析的产品数量有限，而且危险性很大，精密度要求高，再加上我们第一次接受这样的任务，国家当时的科技水平还不太高，很多测量工具、测量仪器设备都不具备或不完善，困难是可想而知的。有的测量仪器设备要从研制试验开始，例如发动机及推进剂的许多参数测量，多数是从设备、装置的设计、加工、试验开始，有的还要从国外进口。火工品危险性大，连测试场地都难以解决，例如引信的分解、测试开始是在野外建设的地坑里，人员冒着生命危险进行的。测绘、测试工作要求人员高度专心细致，一点都不能马虎。尽管工作很艰苦，困难多，危险大，但是我们知道它是为了给国家解决有无的问题，为了给解放军提供新装备，也是为国防事业做奠基石，大家都非常积极，加班加点，奋不顾身。为了做测试，有的同志连续在实验室待几天几夜，有的甚至搬到实验室住下不回家。参与工作的每一个同志都夜以继日地工作，有时为了取得一个试验数据，连续几天几夜甚至一个星期都无法休息。在这样的情况下，大家仍然是快乐、积极、热情地抓紧时间工作。

经过大约两年的时间，我们各组先后向导弹生产厂家提供了大批设计图纸、技术资料、试验报告、产品性能分析说明书、产品技术数据等。1973年正式立项研制。在各个生产工厂的生产准备和生产过程中，我们有关的同志还先后去工厂协调、检查、做技术顾问。在北京工业学院的大力支持下，"红箭－73"反坦克导弹于1979年经国家批准正式投产。在四个导弹生产厂家的努力下，"红箭－73"反坦克导弹于20世纪80年代初正式大批量装备部队，这是我国首次将反坦克导弹大量装备部队投入使用。

改革开放初期，国家为了大发展的需要，准备向国外引进新技术，各个部组织技术考察团去国外考察。当时第五机械工业部组织了一个考察团去西欧进行技术考察。我有幸于1979年9月—1980年3月先后在法国、德国参观考察了导弹与直升机的生产厂家及研究机构。我们重点是考察导弹，特别是反坦克导弹，尤其是对霍特反坦克导弹、米兰反坦克导弹进行了较深入的考察。因为陆军有意引进霍特反坦克导弹，邀请了霍特反坦克导弹公司来国内进行霍特反坦克导弹飞行试验表演。此时国内反坦克导弹研究所正在研制的"红箭－8"反坦克导弹正处在关键时刻。对霍特反坦克导弹考察完成回国后，军方积极组织引进霍特反坦克导弹的谈判，同时组织国内专家对正在研制的"红箭－8"反坦克导弹进行技术评审。如果"红箭－8"

的技术评审不能通过，就停止研制，引进霍特反坦克导弹。"红箭–8"反坦克导弹技术评审专家组专家，除了有关研究所和工厂的专家外，还有我校各个专业的专家。我作为导弹总体设计专业的专家在评审会上第一个发言：第一，我肯定了"红箭–8"反坦克导弹的总体方案是先进的，它与霍特反坦克导弹同属于第二代反坦克导弹，"红箭–8"反坦克导弹的总体性能指标具有先进性，是当时国际先进水平；第二，国内反坦克导弹研究所，在国内条件不够很好的情况下，已经取得了一定的进展和成绩，这是难能可贵的；第三，霍特反坦克导弹的价格太贵，据我了解它还存在一定缺点；第四，我们应当支持我国有条件的企业发展，这是为我国国防建设打基础的事情。我的发言得到了其他专家的支持。因此"红箭–8"反坦克导弹的技术评审顺利通过。随后军方表示：继续提供经费，支持"红箭–8"反坦克导弹的研制，不再引进霍特反坦克导弹。承担研制"红箭–8"反坦克导弹的研究所和第五机械工业部都非常高兴。会后研制单位聘请了我们学校的五位专家担任"红箭–8"反坦克导弹的技术顾问。

在"红箭–8"反坦克导弹研制过程中，我们五位专家顾问经常到研究所进行技术指导，参与技术方案的讨论和审查，对各阶段研制工作进行检查和评审。经过大约四年的时间，"红箭–8"反坦克导弹研制成功，并定型生产，装备陆军部队。在此基础上，该研究所接着研制成功了技术更先进的"红箭–10"反坦克导弹、"红箭–12"反坦克导弹等。到20世纪80年代中后期，我国已能向友好国家出口反坦克导弹了，我作为专家到引进"红箭–8"反坦克导弹的友好国家进行了技术咨询。在这个过程中，我深刻体会到，独立自主发展本国的国防工业非常重要，打好发展国防工业的基础更加重要。

勇敢探索　为国争光

正当我们测绘"红箭–73"反坦克导弹的时候，当时的第五机械工业部得知"红箭–73"属于第一代反坦克导弹，同时又得到另外一些技术情报，决定研制属于第三代的激光半主动制导反坦克导弹，并于1974年4月召开会议，组织我校和工厂、研究所形成技术领导班子总体组，由我担任总体组组长。接受任务后，我们在全国进行了一次广泛的调查研究，并经过深入分析，觉得当时我国还不具备研制第三代反坦克导弹的条件。但是为了赶上世界先进技术水平，为国家争光，我们可以做一些探索。于是我们决定：首先从激光半主动制导反坦克导弹的两个关键分系统开始研究，即先研制激光照射器（激光指示器）和弹上激光制导导引头。308厂和我校光电工程系负责激光照射器的研制；248厂和我校光电工程系等四个系组成的1245科研组负责激光制导导引头的研制。经过四年时间，我们研制成功激光照射器样机和弹上激光制导导引头样机。通过室内试验和外场试验考核，激光照射器样机工作距离超过 4 000 米，弹上激光制导导引头的工作距离也达到 3 000 米以上，均已达到原定的战术技术指标要求。通过技术鉴定和审查，该成果获得 1982 年兵器工业部技术革新四等奖。

随着改革开放深入发展，我们国家的工业生产和科学技术都有很大的进步，我们的科学研究水平也有很大的提高。很多人都在考虑如何更快赶上世界先进技术水平，为国家做出更大的贡献。到 20 世纪 80 年代中期制定科研规划时，我根据当时了解的国外科技发展情况，提出了将人工智能技术用于导弹技术中的新课题——人工智能反坦克导弹系统概念研究。在讨论时，受到非议不少，尤其是工厂、研究所的一些技术人员，不相信人工智能技术能用到武器上，有人提问："难道将来就用机器人打仗吗？"经过我的反复说明和论证，取得了上级机关领导的认同，项目总算是立上了，但是，给的经费较少。我想这是赶上世界水平、为国家争光的事，即使钱少、困难多也要努力好好地干。我组建了课题组，在广泛征求意见的基础上，确定首先开发应用软件。我们拟定了导弹制导系统总体智能决策软件系统、对目标进行跟踪的智能跟踪软件系统、对目标进行识别的智能模式识别软件系统等。前两个由飞行器工程系组织有关专业人员开展研究，后一个由我们与计算机系软件专业开展合作研究。经过各专业师生共同努力，在四年多的时间里，我们研制出了一批适用的软件，经过仿真试验考核，达到了技术指标要求，并经过技术鉴定与审查，于 1993 年获得了国防科学技术三等奖。

在 20 世纪 90 年代初期，我通过查阅科技文献和调查研究，发现国外技术先进的国家在发展反弹道式导弹的新动向，就是探索利用超高速导弹拦截弹道式导弹。我想，未来国际竞争中，这是很重要的方面。于是，在 20 世纪 90 年代中期，我结合研究反坦克导弹的需要，在制定规划时，提出了一个新的预研课题——超高速动能导弹总体技术研究。我们不仅在学校组织了多个系的多个专业学科大协作，还组织了研究所、工厂的大协作。我们不仅进行了系统分析、方案设计、仿真试验，还进行了外场试验。经过各单位师生和科技人员的努力，在四年多时间里，该项研究取得了显著的进展，获得了一批阶段性成果，于 2001 年获得了国防科学技术二等奖。该项目事后转给研究所和工厂进入型号研制。

（作者原单位：宇航学院）

研制探空火箭的难忘岁月

● 李兆民

1958年夏天,我校高年级的学生满怀激情地在老师的带领下,投入火热的科学研究之中。原二系、五系、六系的很多同学都被选派参加"505 科研"——探空火箭的研制,这是我校在全国率先开展的科研项目,魏思文院长亲自挂帅,系领导直接指挥。我有幸参加了这项研制,感到非常高兴。由于我勤奋努力,成绩优异,于1959年春天,提前半年毕业,留校工作。我留校后继续进行"505 科研",直到1962年探空火箭技术研究所撤销。

1958年9月初,我参加了探空火箭发动机的地面试验。一切从零开始,没有试验装置,没有测试仪器,没有实验室。在系副主任吕育新的指挥下,我们在校园最西边选了一片荒凉场地,挖了一个两米深的大土坑,把固体火箭发动机垂直固定在土坑的钢板上,目的是检查六系新研制的"橡胶火药"的工作性能和发动机工作的可靠性。没有测试仪器,只能通过肉眼观察发动机能否正常点火工作,是否会爆炸。试验前,参试人员都在较远的地方隐蔽起来观察,点火指令下达后,发动机并没有喷火,等待半小时后,仍没有动静,于是人员撤离了试验场。几个小时后,万春熙和我进入试验坑内检查,当时我确实担心发动机像定时炸弹那样爆炸,但想想万春熙学长有火箭知识和研究经验,于是也就不再担心。我们小心翼翼地断开点火导线,把中间的底拧下来,取出点火药盒,然后把分解的发动机拿出坑外。找出原因后,很快又进行了装配和第二次试验,试验结果:发动机工作正常。这次试验为随后在河北宣化炮校靶场的第一次探空火箭(DF-Ⅰ型)成功发射奠定了基础。我第一次参加固体火箭发动机地面试验的这段经历,给我留下了难忘而深刻的记忆。我十分敬佩万春熙学长临危不惧、奋不顾身的精神,自己也经受了一次考验和精神上的洗礼。如今60多年过去了,仍难以忘怀,记忆犹新。

不久,我又参加了1958年9月底东北白城子靶场大型探空火箭飞行试验发动机的加工工作。由于一级火箭发动机的直径较粗(φ460),没有无缝钢管,只能用钢板卷焊,而学校的工厂无法加工,于是领导派万春熙学长和我去北京锅炉厂加工。同时,学校还把魏思文院长乘坐的专车调来,把发动机的一些大部件放在汽车的后备箱内,要我连夜送到校外的工厂加工,以保证在国庆节前到东北白城子靶场进行发射试验。1958年9月下旬,魏思文院长从铁道部要来了专列火车,火车满载着我院的探空火箭、器材设备及大批参试师生,驶往东北白城子靶场。这是一次大型探空火箭(DF-Ⅱ型)的飞行试验。一切准备就绪后,开始发射火箭。出乎大家的意料,点火指令下达后,起飞发动机立刻爆炸,大家因此情绪非常低落。魏思文院长召集参试师生开会,他鼓励大家不要灰心丧气,要找出发动机爆炸的原因,总结经验教训,失败是成功之母,谁吸取教训多,谁就成长得快。这番话给我留下了深刻的印象。经过检查爆炸的发动机外壳和火药碎片,大家才意识到犯了一个十分幼稚的错误:用普通锅炉钢板卷焊而成的发动机壳体,强度较低,焊缝质量也没有进行磁力探伤和照相检查,当然承受不了发动机的工作压力;更为重要的是这种发动机壳体没有做过发动机地面静止点火试验,而是加工完成后直接就运送到靶场进行飞行试验。实践深深地教育了我们,单凭敢想敢干的思想,缺乏科学精神,不实事求是,必然会犯错误。

此后,我们在探空火箭的研制中,全部采用优质合金钢无缝钢管来加工制造发动机外壳,制成之后,不仅要进行水压试验和检查,还要进行发动机地面静止点火试验,以确保发动机的强度性能。

以后,学校要来了一批合金钢无缝钢管,派我到齐齐哈尔127厂进行加工。我在那里工作了一个月,与工程技术人员和工人一起研究协调,按照加工技术要求和检查方法,由工厂进行加工。如期完成任务后,我又到山西太原245厂和743厂靶场进行大型发动机地面静止点火试验。这样就确保了探空火箭发射试验的成功。

在探空火箭的研制中,我和程大新承担了级间联结与分离装置(又称脱壳机构)的设计工作。在没有任何技术资料的情况下,我们敢想敢干,大胆创新,克服了很多困难,经过多次实验,终于设计出了级间分离装置,成功用于探空火箭的飞行试验。

1960年上半年,我校在北京南口靶场对DF-Ⅳ型探空火箭发动机进行了五次发动机地面静止点火试验,其中一次失败——发动机爆炸,找出原因后,继续试验,后续试验,发动机工作基本正常。在这些试验的基础上,1960年8月,在内蒙古朱日和试验场进行第七次探空火箭(DF-Ⅴ型)飞行试验,飞行高度达到78千米,试验获得成功。

1958年6月—1960年8月,我校探空火箭的研制和试验取得了明显的成绩,由于多种原因,后续不再进行飞行试验了。但专门成立了探空火箭研究所(代号22研究所),对前两年大量的试验进行研究、整理和总结,并建成了固体火箭发动机实验室、固体推进剂实验室,完善和配置了仪器测量系统,实现了很大的跨越。1962年9月,我校探空火箭的研究和试验工作正式结束。

从 1958 年开始研制固体推进剂至今，已经过去 60 多年了，当年那些参与试验的年轻师生，现在仍然健在的都已八十岁以上了，但参加"505 科研"的点点滴滴，至今令人难忘。

（作者原单位：宇航学院）

忆参加遥测"红箭-73"的往事

● 苏广川

我于1960年考入北京工业学院遥控遥测专业52601班，毕业后留校工作，到现在已有60年了。我是党和北京工业学院一手培养的，心中充满了对党和母校的感激之情。

记得1974年，学校接到当时的第五机械工业部下达的任务，负责研制用于"红箭-73"的遥测设备，其中包括弹上遥测发送设备和地面遥测接收设备。我所在的教研室成立了由教研室副主任于在镐和俞宝传教授牵头的"红箭-73"遥测科研组，我负责弹上遥测发送设备的研制。

我们立即动身到西安相关研究所进行调查研究。当时全国一盘棋，我们出示组织介绍信后，研究所领导立即指示，关于遥测方面的资料我们都可以看。在完成充分调研后，教研组制定了遥测弹上发射机的研制方案。

根据上级要求，科研实行研究所、学校、工厂三结合，我们的协作工厂是山西长治304厂。因为研制工作需要，我们要到304厂研制遥测设备，并要教会工人师傅如何安装设备。

那时我已有两个小孩，大的6岁多，小的还不满2岁，恰巧我爱人又要带学生到无锡无线电厂去实习，家里没有老人能够帮助照看小孩，我真是急坏了。那时我们住在学校3号筒子楼，一户仅有12平方米，但邻居相处十分融洽，谁家有什么需要就主动帮忙。邻居听说我们夫妻两个人都需要下厂，主动提出帮助照顾我家老大；老二被送到我的老家江苏，由我的大嫂照看。这样就解决了一个大难题。当时虽然生活比较艰苦，但那种助人为乐的精神是何等的崇高！邻居主动帮忙，分文不取，我终生难忘。

我们在长治304厂工作近三个月，和工人师傅打成一片，一起搞科研，互帮互学，为此结下了深厚的友谊，至今还保持联系。记得"红箭-73"反坦克导弹要进行靶场试验，在试装设备时发现遥测发射机天线有问题：在弹体上加装天线，会影响导弹的空气动力。而天线又是发射机的关键部件，它对遥测信号发送性能有着重大的影响。最终工厂师傅提出，在弹体上采用银喷涂工艺制作天线，经实测天线性能良好。这是厂校结合开出的鲜艳花朵。

在"红箭–73"导弹的研制过程中,另一家参与"红箭–73"的研制单位是沈阳的一个研究所,导弹固体发动机是由这家研究所负责研制的。该研究所反映试验中导弹在飞行过程中有时会中途掉下来。我们遥测科研组又应邀去沈阳协助这家研究所查找故障产生的原因。当时正好是春节前夕,东北十分寒冷。我们在野外做遥测试验,设备放在一个大巴上,大巴上点着瓦斯炉,设备才能正常工作。我们通过遥测记录的信号分析,找到了导弹飞行中掉弹的原因,是导弹固体发动机的舵机停摆造成的,为导弹研究工作扫除了障碍。为此我们的科研工作受到了部里的嘉奖。

"红箭–73"导弹是一种有线制导的反坦克战术导弹。1973 年,我国决定集中国防工业的精兵强将进行"红箭–73"导弹的研制。经过近 6 年的试制攻关,"红箭–73"反坦克导弹终于在 1979 年定型并批量装备部队,填补了我国反坦克导弹装备的空白。

(作者原单位:信息与电子学院)

半导体专业初创回顾

● 李印增

1960年2月,学校决定新建九系(即工程物理系),当时下设两个专业:原子能专业和半导体专业。半导体专业的全称为半导体材料及器件,专业代号为92。4月,半导体专业正式成立,教研室有三位教师是从物理教研组抽调来的,其余十几位都是从1956年和1957年入学的各系本科生抽调的,我就是由化工系抽调出来的。从此,我开始了在北京工业学院工作。

教研室的教师分为物理、材料、器件、电路等几个方向(当时没有具体名称)。我是器件方向,当时给我的工作有两项:一项是在物理教研室陈广汉老师的指导下,采用化学沉积法制作硫化铅光敏电阻;另一项是在物理教研室刘颖老师指导下,利用钴、铜、镍金属氧化物烧制珠状热敏电阻。那时的工作环境极其简陋,工作间是主楼后面的一间小平房,所需材料器皿到化工系库房领取,没有的就到外边的商店去买。所用的化学药品有的气味实在难闻,房间内没有任何通风设备,但那时年轻也不在乎这些,还常常干到深夜。大约在6月份,分配来一名复员转业军人,同我一起干活。光敏电阻和热敏电阻从测试器件灵敏度看,均获得了较满意的结果。那时我国处在三年困难时期,但教研室的同志干劲都特别大,不畏艰苦。给我留下深刻印象的是参加硅粉提炼的同事。他们的工作环境异常艰苦,是在一个破旧的平房内,应用的四氯化硅,不仅气味特别呛人,还有很强的腐蚀性,经过他们的努力,竟然得到了纯度很高的硅粉。研制硅合金二极管的老师,用旧电池阳极端上的帽做管壳,采用环氯树脂封装制成的合金二极管,经过各项检测,取得了很好的成果。

1960年8月下旬,系副主任陆巨林通知我,系里决定让我到清华大学半导体专业进修半导体器件课,准备寒假后为转入我系的半导体专业学生开设该课程。随后我到清华大学联系办理旁听手续,奔波于学校和清华之间,全身心投入到听课、整理笔记、写讲稿的工作中。

半导体器件课分两大部分:"半导体器件(一)"讲述晶体管原理,大约七十个学时,全部由我承担;"半导体器件(二)"讲述其他半导体器件,五六十个学时,由我和另一位在半导体研究所进修的老师共同承担。半导体专业在我国各高校大多是刚刚起步,没有合适的教材,我在清华听课时,也只有零散的讲义。我讲"半导体器件（一）"给学生参考的是《晶体管原理》，该书是 1958 年为北京大学等五所大学联合举办的半导体专门化课程编写的教材，内容相对简略。在这种情况下，我的讲稿完全基于清华大学的讲义和听课笔记。"半导体器件（二）"课程清华大学发的也是一些零散讲义，好多是从当时的《半导体快报》上摘录的文章，发给学生作参考。就是在这种条件下，1961 年 3 月—1963 年 6 月，我先后为半导体专业 1957级、1958 级、1959 级三个年级四个班的同学讲授了"半导体器件（一）"和"半导体器件（二）"课程，算是完成了领导交给我的任务。整个教学过程，有两点体会是比较深的。一是试讲，初次讲课前，基本上每次课都要进行试讲，找教研室的几位老师来听。这不仅可以看看他们的反应，听听他们的意见，而且能让自己掌握讲课重点和时间。尽管自己如同赶鸭子上架，但经过试讲为自己走上讲台增强了信心。另外，每届讲课前我都把讲稿重写一遍，使自己心中更有数。第二点体会是，大约在 1961 年下半年，我看到一篇文章（具体什么题目已记不清了），其中讲到作为教师，就其知识层面上讲，教师与学生的关系好比是一桶水和一勺水。我想要真正成为一个好的教师，就应该不断充实自己。

为贯彻中央"调整、巩固、充实、提高"的方针，1962 年，学校决定半导体专业停办。1962 年暑假前，陆巨林同志找我谈话，说因为我仍有教学任务，需要等到 1959 级同学毕业后，再安排我的工作。1963 年暑假后，我主要负责联系 1959 级同学的毕业实习和毕业设计；10 月，我带领部分同学到东郊大山子四机部十一研究所搞毕业设计。研究所无法解决住宿，为了让大家少跑路，学校在东黄城根库房内找了间大房子，经彻底清扫，我和学生们一起住了进去。直到 1964 年 6 月底前后学生完成毕业答辩，我才结束了在半导体专业前期的工作。1964 年 10 月，党委副书记时生同志召集半导体专业三位留守人员和有关同志开会，决定半导体专业保留学科归属五系，随后李卫老师和我到五系报到。

（作者原单位：信息与电子学院）

学习管理　努力创新

● 陈晋南

1974年7月，我从北京化工学院机械系毕业，到北京工业学院化工系（6系）化工机械（即67）教研室工作。2013年，我从化工与环境学院退休。回顾我在北理工管理工作的经历，我感谢学校给我一个学习、成长、奉献的平台，感谢各级领导和师生的支持和帮助。

1997年5月—1999年12月，由于领导和教师们的信任，我任化工与材料学院教学副院长。在书记李燕月和院长黄聪明具体领导下，负责学院教学管理、学科建设与规划，参加学院学术委员会工作。我努力学习党的政策路线和管理知识，着眼新的实际，融合国际先进教育理念，进行学院教育教学改革。1995年，学院设立了生物工程（63）专业，仅有3位教师；1997年10月，我面试考核了孙智杰，引入到63专业。学院先后为245厂、武警学院、204所开办了3届工程硕士班，我赴企业授课；学生毕业后成为企业领导干部和骨干，与学院建立了科研合作。1998年，化工与材料学院获学校"研究生课程建设与改革优秀集体"、"青年教师教学基本功比赛优秀组织奖"和第十届优秀教学成果集体奖。1999年，我被评为海淀区紫竹院地区"巾帼十佳"。

1999年年底，校副书记杜玉波找我谈话，希望我担任成人教育学院院长，使校成人教育"上水平，国际化"。我感谢校领导对我的信任，同意工作安排。在终身学习社会，我坚持不断学习党的方针政策和管理知识，努力提高管理能力，做一个勤政廉洁、改革创新的好干部。

我到成人教育学院后，首先学习国家成人教育政策，与每个职工面谈了解情况。根据学院状况，在副校长俞信的支持下，我的第一个举措是引进了李印香，建立了财务室和财务制度，收回由科室管理的经费卡，由财务室协助校财务统一管理财务，避免出现经济问题。根据学院经济运行趋势，我为学院的进一步发展积极做准备。随后考核引进徐瑾、杨莉、蒋志湘和王振宏等骨干，在计算机学院书记王树武推荐下引进李小平，建立了教务、招生等管理部门，制定了一系列管理规章制度。在校财务处处长高茵的具体支持下，用人事代理的办法，外聘技术人员，建立了技术部门。为了与国际接轨，成人教育学院申请更名为继续教育学院，2001年4月26日学校批准更名。2004年，全员参加 ISO 9000 质量管理的培训，进一步完善了管理规章制度。为了学院的长远发展，学院出台政策，出资鼓励教职工在职攻读本科、研究生学位。后来学院的弭晓英、张立华、史彦等老师成为硕士生导师，李小平副院长成为博士生导师。焦文俊书记、匡镜明校长、李志祥常务副校长常找我谈话指导工作；先后领导我院的俞信副校长和孙逢春副校长认真听取我的请示汇报，给出具体指示；校领导杨宾、侯光明、杨树兴、赵长禄和赵平给了我不少具体帮助。正是有各级领导的帮助，我才能不断改革创新。

2000年4月初，教育部提出发展远程教育是中国高教发展的一个重要举措。4月18日，校长办公会批准了我院"北理工必须要发展远程教育"的报告。4月30日，匡镜明校长带我到教育部递交了申请。6月12日，我校通过了专家组的评估。2000年7月14日，我校成为教育部远程教育15个试点学校之一。在校党政领导下，学院"以教学质量为核心，以教学稳定为基础，以教学改革为动力，以资源建设为保障"，自投资金滚动发展，逐步建设网络教育资源和现代教育实验室，开设了5个专业，建了42个校外学习中心。我院每年召开全国校外学习中心年会，交流经验，表彰先进。我友情领导、无情管理，按照规章制度办事，树立了良好风气，学院进入稳步发展时期。2005年1月，我院自主开发的现代远程教育平台获校教学成果奖；5月，我院与校网络中心、高教研究所共同申报的"教育技术学"硕士点获得批准；7月13日，学校为我院成立的多媒体网络、专线视频、虚拟演播等专业实验室举行揭牌仪式，侯光明、赵显利副校长，周立伟院士参加了仪式。周立伟院士高度评价了四个实验室。

继续教育学院专业实验室揭牌仪式汇报会

学院发展的另一个举措是发展国际合作。2000年9月下旬，工会主席董兆钧和我带领校教学院长的代表团，访问了哥伦比亚大学等7所著名高校，重点考察了美国高等教育教学管理、改革和远程教育情况，建立了初步联系。2002 年，经过两年艰苦的谈判和申请，教育部批准了北理工与加拿大北阿尔伯塔理工大学专升本、美国犹他州立大学本科、德国德累斯顿工业大学硕士研究生的三个国际合作项目。在申办研究生项目中，我得到研究生院副院长梅文博和学位办主任李镇的直接支持与帮助。国际项目使学院的办学规模、管理水平得到飞跃发展，取得显著效益；我校教师得到国外教师的指导，提高了英语授课能力；很多毕业生得到了国外读研究生的机会。

2002 年，我院通过了北京市教委评估，成为获得优秀综合评价的两所学校之一。2003 年，继续教育学院被评为校"三育人"先进集体，我被评为校"三育人"先进和优秀共产党员。2004 年 3 月 14 日，《人民日报》以"北京理工大学继续教育学院——通向未来的桥梁"为题，专题报道了继续教育学院的改革。学院曾被北京电视台和《光明日报》等多家新闻媒体宣传报道。学院从仅有成人学历教育快速发展到拥有远程教育、国际合作办学和研究生教育，实现了当初校领导的"上水平、国际化"要求。

2000 年 7 月 31 日，北理工与珠海市签署了"珠海市人民政府与北京理工大学合作建设北京理工大学珠海校区协议书"。在珠江三角洲珠海市唐家湾，我校获得了 5 000 亩地的办学资源。2001—2004 年，我担任校长助理、珠海校区第一任主任，与林国璋书记带领团队，制定了一系列办学管理文件，招聘组建了初期管理人员和教师队伍，这些人后来大多成为北理工珠海学院中层管理骨干。2001 年 9 月，我参加珠海市政府代表团访问美国，探讨合作办学模式。合作办学是当时的新生事物，几次换投资商。校舍没完工，我们租借校舍，招收管理专业第一届和第二届的学生。由于我还担任着北京理工大学的教学任务，就把课排在周一至周三，周四一早出差珠海，下飞机就召开会议，研究解决问题。周日晚上回到北京。

我和珠海学院院长董兆钧参加国内会议，学习了解各个大学合作办学的模式。我和投资商到国家事业编委了解政策，为珠海学院的注册提交材料。经过各种磨难，2004 年 5 月 9 日，教育部批准了北京理工大学珠海学院。10 月 30 日上午，北理工珠海学院隆重举行 2004 级新生开学典礼暨军训阅兵式。国防科工委副秘书长胡亚枫，珠海市委书记方旋，我校焦文俊书记、匡镜明校长，珠海市人大常委会副主任余荣霭等领导出席了典礼。林国璋主持大会，我作为第一任珠海校区主任参加了典礼。

2010 年 10 月，我被北理工珠海学院聘为国际合作办学项目负责人。2011 年 4 月，查普曼大学外办主任、商学院院长一行访问了珠海学院，商谈具体的合作。2011 年 4 月 23 日—5 月 6 日，我陪董事长王韬光访问美国查普曼大学、加州州立理工大学、加拿大 NAIT 等大学，签署了合作意向书。2011 年 7 月 17 日—8 月 4 日，我带领珠海学院外语、商学和艺术学院的师生 16 人赴查普曼大学参加了免费的暑期培训学习。我们有幸聆听了 2002 年获诺贝尔经济学奖的试验经济学大师查普曼大学

Vernon L Smith 教授的课。课上，用软件做了两个经济学的实验，模仿在股市上买卖股票 15 次和如何营运发电厂。课后，商学院按照惯例和实验结果，以现金方式分发给获利的 17 人，合计税前 500 多美金。我们还听取了 Lori Han 博士"总统政治和女性与政治"的讲座，访问了查普曼大学犹太人大屠杀研究中心。这次培训师生收获很大。我和齐延信副院长、姬文瑞副院长先后与外办主任 Coyle 博士、Struppa 教务长、副教务长 Gunner 博士、商学院院长 Kraft 博士、创业中心主任 Giannantonio 博士、国际商务中心主任 Murphy 博士、就业指导中心主任 Ward 博士进行了 11 次会谈，商谈合作细节。后来虽然两校没有签署在珠海合作办国际学校的协议，但是这次访问为珠海学院成功地发展国际合作项目，积累了合作办学的经验。2012 年 2 月 23 日，董事长王韬光与美国布莱恩特大学正式签署了合作协议。

2006 年 5 月，我不再担任行政职务。为了中国教育事业和学校发展，我认真参加学校和学院组织的各种学习，发挥共产党员的先锋模范作用，以身作则，廉洁自律，克己奉公，团结协作，关心学院和学校建设，广泛听取各层老师的意见和建议，向学校提交"专家教授建议提案表"；参加院学术委员会和教授委员会学位审定、职称评定、人才引进等工作。我认真配合院系领导的工作，作为化学工艺学术带头人组织本学科各种教学和学术活动，关心学科组青年教师队伍建设；认真履行校督导组培养小组组长的职责，组织小组成员听课，撰写每学期听课评估报告，参加院研究生院专家评估和文件修改工作。

2013 年退休后，我认真参加学校活动，积极参加退 6 党支部组织的活动，关心学校的发展。我任继续教育学院的顾问期间，为学院的发展献计献策。

2018 年 5 月 28 日，在中国科学院第十九次院士大会、中国工程院第十四次院士大会上，习近平总书记深切地说："一代人有一代人的奋斗，一个时代有一个时代的担当。"学校的发展需要北理工一代又一代人的努力奉献。我作为北理工退休的一员将发挥余热，为将北理工建设成具有中国特色的世界一流大学添砖加瓦。

（作者原单位：化学与化工学院）

和学生们一起去支教

● 席巧娟

我是 1995 年 6 月到高教所担任副所长的，当时霍亚玲是所长，后来杨式毅担任所长；1999 年 6 月，学校成立人文社会科学学院，高教所因为有了硕士学位点并入人文学院，我开始担任人文学院副院长兼任高教所（后来改叫教育科学研究所）所长，负责人文学院学科建设、研究生培养和学院的科研工作，并参与教育学科研究生培养工作。

1998 年获批并于当年正式开始招生的高等教育学硕士学位点是我校第一个文科硕士点，也是当时国防科工委所属七所院校中最先建立的教育学科硕士点。在以理工科为主的高校中，如何让文科的硕士点办出自己的特色，从第一届研究生入学时起，我们就一直在努力探索。

时至今日，20 多年过去了，我校教育学科现在不光有了一级学科授权，而且有了博士点，培养了 600 余名硕士和博士研究生，近年又有了博士后流动站。在教育学科发展壮大的过程中，无论是师资队伍的建设、学科特色和重点研究方向的确定以及课程设置的调整，都有不少值得认真总结的经验。如今我已经退休十来年了。但是回想起在退休前和同学们、同事们一块儿奋斗的日日夜夜，总是心潮澎湃。这里我想回忆一下从 2004 年暑假开始，连续三年的研究生支教活动。作为活动的组织者和亲历者，我认为，这也是我们教育学科研究生培养模式改革上的一个探索，当年曾经参加过暑假支教活动的学生们，现在还时常跟我提起他们支教的收获和感受，所以，回顾，反思，总结经验，发扬光大，是很有意义的事情。

2004 年春季，我带 2003 级入学的研究生搞了一次形式新颖的学术活动。我发现这些年轻人走出课堂，到了外面的天地中，思维异常活跃。在聊天中他们提到很希望到社会上去做点事。据我了解，那几年学校每年暑假都会有社会实践周，理工科的学生们可以到工厂去，因此我决定在我力所能及的情况下尽量想办法让我们教育学科的研究生也出去闯一闯。所里的年轻老师积极性很高，他们建议利用暑假到基层去支教。在他们的参与和策划下，很快，北京理工大学教育科学研究所暑期支教小分队就成立起来了。学生张爱秀负责联系自己家乡的教育主管部门，落实支教的具体内容和行程，周玲等几个年轻老师领着学生们开始练兵。

因为当地的教育主管部门希望我们的支教活动和他们的校长培训相结合。这给了参加支教活动的学生们很大的鼓舞，也给了他们压力。支教的任务促进了学生们学习的热情，他们分工合作，搜集资料，编写课件，在老师的指导下，一遍遍试讲……年轻人的智慧和热情鼓舞着我，她们上马了，我必须带头冲，为这次活动的成功到处奔走呼号，争取经费。在研究生院、校团委和学院学生工作系统领导的大力支持下，7月11日，我和3位青年老师带领9名研究生扛着"教育文化风，山西支教行"的横幅向山西寿阳出发了。我们针对中国教育前沿问题的精彩发言得到了当地教育部门的响应，并且与当时他们正在做的中小学校长暑期培训结合起来。高教所师生们结合自己平时的学习和研究，并且结合当地中小学校长关心的教育问题，以研究的态度与教育一线工作者共同探讨，教学相长，得到了当地的一致好评，最终我们第一期暑期教育实践活动获得了圆满成功。

2004年暑假这次活动的成功给了大家信心，也使老师和同学们得到了锻炼。我们坚定了继续办下去的信心，同时我认为这是教育学科研究生实践能力培养的有效途径。所以，2005年和2006年我们又分别组织学生到山东和山西举行了两次支教活动。山东青州那次支教活动，法律系和外语系的研究生也积极参与了。三年来，学生们的支教活动涉及的专题有农村基础教育方面的，有中小学课改方面的，还有教育政策法规问题以及院校管理方面的。参与支教的研究生，有的通过活动补充收集了论文资料，有的甚至修改了自己的论文选题，他们的口才和组织能力都得到了很大的提高。

2004年、2005年、2006年连续三年暑假的支教活动，我都和学生们一起去了。2006年的支教小分队还被评为学校社会实践先进集体并被推荐到北京市。2006年以后我从所长的位置上退了下来，学生们还向北京市推荐我为社会实践优秀指导教师。其实每次活动都是学生们自己策划，自己出面去组织联系，搞讲座、搞调研，以及回来的总结，也都是学生们自己在做。他们在活动中表现出来的组织协调能力、团结友爱精神，以及极大的工作热情深深地感动了我，和他们在一起，我一点儿也不觉得自己老。

十几年过去了，回忆起那段和学生们在一起社会实践的经历，仿佛就在昨天，连续三年的支教过程除了直接带给学生实践能力的提升外，也引发了我对教育学科学生培养模式的思考。这段宝贵的记忆和思考，今天和大家一起分享。祝愿我校的教育学科能够越办越好！

（作者原单位：人文与社会科学学院）

我的理工情怀

● 张文政

我已入耄耋之年，退休多年。为感恩母校、感谢师恩，在欢庆学校建校 80 周年之际，我借此机会梳理了自己的工作经历。

一、扎根基层

我于 1960 年 8 月进入北京工业学院六系学习，班号为 66601，班里共 30 人。1962 年，我们专业和另一专业合并成 62602 班，学制五年。毕业的大多数同学会去边疆、工厂、基层，我的意愿也是如此。可是当时做学生工作的副书记王学志动员我留校，我服从分配。这样我就留在学校，被分配在当时新筹建的 68 专业。从此，我就一直在 68 专业做教学、科研并兼职基层工作，直到退休。在这期间，由于组织领导信任，几次要调我去做党政工作，我都没有去。后来有人问我为什么不走，此问题我留在下面回答吧。

二、尽力而为

1965 年，上级要求我校办两个专业，即 67 专业（化工机械及设备）、68 专业（自动化及仪表）。当时火化工行业生产过程中急需这两方面的技术人才。由于当时六系有火化工工艺专业，领导就把 67、68 两个专业放在六系办。当时 67 专业招了两个班，68 专业招了一个班，都是专科，学了一年多。1972 年，我校恢复招生，五机部教育局（当时学校归五机部管）见 67、68 两个专业未招生，就要求学校派人去工厂、科研、设计单位调查工艺、设备、自动化三方面技术人才配比及需求。当时六系管教学的副主任赵庆祥就任命我为调查组组长，带领黄聪明、王秉哲一行去调研。我们拿着五机部介绍信，从 1972 年 11 月 22 日到 1973 年 1 月 20 日，走遍了五机部大部分工厂（多数在山沟里）、设计单位，还有燃化部门、科学院所属等近 30 个单位，与一百多位专家、技术员、工程师进行了座谈，得出了基本统一的科学配比。我们三人执着调查，认真听取意见，回校后我立即写总结报告，并向校教务处处长张朝贵，市教育局尹局长及教育处刘处长汇报。汇报完后，尹局长让我们回校后尽力办好这两个专业。这样学校就下发了关于学院专业调整的文件，决定恢复 67、68 两个专业本科招生，学制由五年改为四年。

68 专业，尽管专业名称随国家专业名录及学校教育改革的需要，有几次改名，但专业方向、培养目标、教学计划等仍是围绕培养自动化及仪表方面的人才。从 1965 年到 2016 年，有六十多位教师在 68 专业辛勤耕耘过，也有几位和我一样坚持到退休，有些同志是因为工作需要或家庭原因离开了 68 教研室，但他们都是高兴而来快乐而走，都为 68 专业的发展付出了辛劳和贡献。

68 专业教师除了精心育德树人外，还搞了几十项国家下发或与企业单位合作的科研，得过部级、校级奖数十项，公开出版专著及统编教材十几部，有的还得到国家及校级优秀教材奖，还有专利若干项。68 专业得过教书育人先进集体、先进党支部等集体奖项。

我担任 68 专业实验室主任期间，正好赶上学校首批实验室验收。第一批通过验收四十多个实验室，68 专业实验室是其中的一个。实验室验收是有严格条件的，我当时也很高兴，它不仅肯定了成绩，还为今后发展提供了条件。这里也要感谢当时管实验室的系副主任席燕文给予的经费支持。

在 68 专业除了完成教学任务外，我还要搞科研。有的项目是自己找的，有的项目是合作的，也搞了十几项，得过部级、校级奖。我参与的第一个项目代号 056，项目组组长是黄友之，成员有梁毓椿、周光远、蒋炳生、张文政，与上海交流仪器厂合作。上海交流仪器厂很重视，他们多次来学校商讨研制事宜。项目组派我长住上海。我头次去上海是 1966 年年底与周光远一起去的，确定方案与进度。后来我就一个人住在工厂附近的一个小旅馆里，近半年。后来又去 375 厂（东北辽阳）考察安装试验方案，我还参加过施益誉老师课题组的自动爆炸雨淋装置，得过部级奖。该装置参加了当年的全国科技成果展览会，张爱萍将军看后指示要推广应用。我还参加了景中兴老师的 EBM 自动灭火装置研制，该装置得到天津消防所认证，在国家产品展销会上得到金奖，并被批准为实用型专利，被山西、新疆、无锡等地企业生产应用。为了这几项科研项目我差不多跑遍了大半个中国。

我在基层三种担子一起挑，即教学、科研、社会工作都要做好。要带头，要以身作则，要认真负责，要谦虚谨慎，要团结人，要不怕苦，要包容，做到一个"忍"字来化解矛盾。

下面我回答为什么不离开 68 专业教研室去做党政工作。一是听从五机部教育局尹局长的指示，办好这个专业。国家需要就是我工作的动力。二是为军工企业培养所需要的自动化及仪表技术人才，以赶上当时燃化石油化工企业的技术水平，减轻火化工厂工人的劳动强度。这是搞教育的职责。三是我对教师这个职业越来越喜欢，不考虑个人名利，能在教育战线上教书育人，为国家培养一些德才兼备的优秀人才就满意了。我只想做一个普通平凡、淡泊名利的人。

三、真诚感谢

没有共产党就没有新中国。没有共产党就没有我们今天的幸福生活。我能从南方农村来到北京上大学并成为人民教师,首先要不忘共产党的恩。我小学入了团,高中入了党,高中毕业后又到北京工业学院学习,毕业后又留校工作。我的成长进步离不开小学、中学、大学各级领导及老师们的培养教育。领导们、老师们的音容笑貌至今难忘,所以母校难忘,师恩难忘。

（作者原单位：化学与化工学院）

勇于实践　敢于担当　为国防现代化做贡献
——一个尘封的小故事

● 蔡汉文

1975年（大约）秋的一天，系里有人（好像是管科研的干事）告诉我，叫我下午去科研处开会。我按时到会后，看到总共来了八个人。大多数人我不认识，属于我们同系的只有郑玉群同志。会议开始后，主持人宣布有一个紧急任务，要我们去沈阳，不同专业的人去不同单位。我和郑玉群到沈阳东北机器制造厂，当天安排一下手头工作，次日就出发。

由于这些接待单位都是我们熟悉的，所以对接很顺利。

我们按约赴会。这次会议人数不少，有三四十人。主持会议的人说话简洁，说有个产品——一种外国的新型导弹，用于对空打飞机的，要求我们研究分析，并且能造出来。这就是我们的任务。会上展示了这发导弹，它个头并不大，目视直径约100毫米，半球头部（透明），鸭式气动布局，型号标识为外文，系统构成为分离式。主持人说这个"宝贝"来之不易，请与会人员深入研究。

看过之后，大家议论纷纷。我们都是第一次接触。既已说明它是导弹，而且是打飞机的，那一定是个"危险品"，不能乱动，此其一。其二，既要研仿，又无资料，必须拆解。其三，由于它能打飞机，就一定具有相当威力，如果拆解引起爆炸，什么资料都拿不到，所以必须首先锁定保险，摘火雷管。然而保险和火雷管的位置在哪里？不知道。还有个别同志提醒，导弹是新东西，会不会装有反拆卸装置，一拆就炸？

那天去的人不少，而且很多人是搞制导的、搞控制的……所以讨论半天，问题慢慢集中到我和老郑身上。我了解老郑：他是引信专业的教师，多年从事引信专业的拆装实验室教学工作，对各种引信的原理结构和组装工序十分熟悉，说话十分慎重。而这个导弹是半球的透明头部，刚度较差，不可能提供很大的冲击阻抗，所以不大可能应用弹簧钢珠等保险机构锁定保险或用活体触发，而可能是应用无线电原理通过回波反应即近炸引信工作的。首先我们需要先对全弹进行一次工业射线照相，在搞清总体构造的基础上，再确定拆解步骤。

会后，通过全市摸排，选定沈阳某工业研究所对实物进行通体非可见光照相，对局部重点部位多角度照相。限于当时的技术条件和水平，我们获得的照片还是二

桑榆情怀——我的奋斗足迹

维的纵剖面（无法照出CT面），那也非常宝贵。然后按照装机条件和投影散射角进行几何修正，获得有关这发导弹的工程构造，工作取得一大进展。

出于安全和保密需要，工作场所和参加人员是有严格限制的。场外戒严，参加人员互不打听。获得的图相交保密员，个人不得私有。

回驻地后，我仔细研究了那些图相。该产品由导引头、战斗部、引信和仪表舱、固体发动机等组成，各个舱段相对独立，组装方式采用螺接和套装，使用固化剂加固，没有反拆装置。电源是外加的（在发射器内）。据此，我们提出了拆解该产品的方案：第一步，摘除战斗部（拟用机床切断）；第二步，卸除引信和仪表舱；第三步，将陀螺仪操控系统及仪表舱分别交由各分系统专业厂分头拆解、测绘及动能分析，完成设计图样。随后我们把这个方案报告给了领导机关。

经过简短等待，一个周四下午，工办和工厂的人找到我并向我介绍了两个人，一个是技术人员孟繁忠同志，另一个是工厂的技工余长贤同志，我们共同组成一个小组。我和余师傅负责操作，孟繁忠协助并负责联络保障。拆解的地点选在科研车间。这个车间很大，安全距离足够。周五，余师傅带我去车间"踩点"。我根据工位距离、机床精度、环境通道等诸多因素综合考虑确定了某工位。由余师傅出面同机床主管师傅交谈，了解该机床的具体技术状态、装卡工具、切削刀具、托架……我也到工作位置试开机，摇动手柄，特别留意感受刀架传动间隙、进刀阻力、系统刚度和精度等。我还提议增加一台千分表。我们选择在周日拆解。周日工人休息，不准回车间。

周日，我和余师傅一进车间，感觉有个更大的团队在支持我们：他们在操作位置前竖立了一个靶场运回的装甲钢板，在我站位前也准备了一块。我见了立刻表示不需要，还碍事。"如果发生爆炸，上身和头部没有了，光有下身有啥用？"我开玩笑说，"准备个箱子装零碎就够啦。"余师傅安装托架时，我去车间大门前找到现场指挥的师傅说，不必竖钢板了。他拿着小红旗，告诉我他的站位在门侧，他们准备了急救车，厂医院安排了医生，血库的门也已打开，都在待命。他强调我们一旦行动，别忘了先向他示意，他立即指挥急救车打开车门并启动发动机待命。

当我回到工位时，托架安装基本完成。我们首先将弹尾卡在主轴位置，弹头置放在托架上，手动感受转动的灵活性，然后用千分表沿导轨测试弹体跳动幅度，前（主轴）后（托架）固定、固牢，最后安装专用刀具，调整好安装高度，紧固刀架。低速试转确认就绪后，我向门外发信号。这时我发现余师傅有点紧张，我强调镇定、放松，上刀要稳。切割时，我们选用的是白钢刀，前后角大，这样可减少切削力。"你镇静一下，不急。"我对余师傅说。等了一小会儿，他说："好，上！"我们两人相对而立，中间是导弹，他操作，我发口令。缓缓进刀，切屑缓缓飞起，手动进深一个多毫米后，停车观察，目视切口即有分离迹象。稍扩宽切口即显露战斗部底沿，随即加装一个托架，彻底断开，导弹成两段。由于战斗部在舱内是悬挂的，可以沿轴向抽出，后段处理的危险性就小得多了。这时我高兴地发出约定讯号——解除警戒，一片欢腾！这时我们来沈阳的任务也算基本完成了。经领导机关研究，各功能舱段被分散到四个研制单位，分别进行测绘、化验、反设计。东北机器制造厂承接了战斗部研制，邀请我们协作；119厂邀请我们参加弹道和作战效能分析。在返京之前，国防工办再次向我们重申保密规定，除一般规定外，还规定对无关单位和无关地区保密，我们诺诺而归。

现在回忆、谈论这件事，是为了向后辈人说明我们北理工人为了我国国防现代化是勇于实践、敢于担当的，我们是一代听党的话、勇敢奋斗、积极奉献的人。这也是我们北理工人应当继承发扬的传统。

（作者原单位：机电学院）

奋斗中成长　成长中奉献
——811专业实验室的一些小故事

● 崔维继

在20世纪80年代初，811实验室（习惯称81实验室）曾被树立为学校实验室的标兵之一。许多实验室都来81实验室参观。其中在学校戊区的实验室是我主持建起来的。由于原有的实验室不能安装较大型的设备，为了调试大型的脉冲X光机，曾经借用过一系的火炮陈列室、三系的坦克检修陈列室、一系的风洞实验室。我们感到总借房间用也不是个办法，要向六系同志学习（建起自己的实验室）。于是就自己动手设计草图，由房产科完善了设计图纸。施工方面，我们向驻扎在解放军艺术学院的解放军基建工程兵（后来改编为北京市城建）去求援。他们答应无偿帮我们把实验室建起来。设备、材料由学校解决，工地管理由我们实验室负责。解放军建实验室既雷厉风行、保质保量，又踏实肯干、不怕苦累，每天的伙食都自己解决（中午排着整齐的队列回驻地用餐）。他们的作风对我们的教育和影响很大。后来在学校戊区建国防科技园，拆除原建筑时，我又到实验室原处看了看，实验室，尤其是爆炸洞，建得实在是坚固、优质。

我们专业实验室的前身是炮弹专业实验室。自从承担战斗部实验任务后，许多实验都是自行设计的，例如，多点测速、多通道测试、初速测定、速度衰减测定等。与炮弹专业实验有关的内容，如转动惯量测量、弹丸重心测量、迫击炮下滑速度测量等，都是苏联专家在时主持设计的实验。但是，导弹战斗部有关实验，没有权威资料，没有专家指导，只能根据科研和教学的需要，自拟题目，自行设计，自选设备，自制装置，自编教材。为了工作的需要，我们一门心思钻研适用的实验手段，查资料，设计方案，在实践中不断摸索。到20世纪90年代，校际交流多了，有的单位发现了我们的"小制作"，如获至宝。中国公安大学的同志为了测试子弹速度，要用我们自制的"靶网"，而且要出钱购买。我们把多年来摸索出的如何选料、如何设计、如何使用、如何绝缘、使用中发现的问题等统统向他们讲清，让他们自己制作，但是他们坚持要购买。他们订购了300张。

靶网不是轻而易举制成的。做300张（每张按400平方厘米计算）也是一个不少的数量。纸板要到北京文具纸张供应站购买，正好没货，并表示近期也不会进货。我们问都卖到哪里了，他们说了几个地方，包括我们的邻居——大华衬衫厂。于是，我们到了大华衬衫厂，又经一番极其艰难的交涉，终于买到了纸板。

中国科技大学（合肥）的老师来参观交流，看中了我们的光靶转换器（分辨率2毫米，横竖两向）。我们一再解释，技术还不成熟，在调试阶段，他们还是一定要资料。

北大的一个博士生为了做缺陷梁高速冲击下的毁坏机理实验，来到我们实验室，我们全力配合。他认为我们的实验手段适用、实验方法可靠、实验工作严谨，把我们的材料性能实验装置称为"专家系统"（包括数据采集、传输、处理等），在我们这里圆满完成了实验任务。

20世纪70年代，电子仪器数字化成了潮流，我们把数字电路编入了教材。为了让学生们更好地理解有关的典型电路，我们自己设计和制作了一些示教板。这些示教板非常适用，原理清晰、模拟准确、结构简单、易维护、易操作，其中包括电子闸门、十进制计数级、差动放大器、数字显示管工作原理等。十进制计数级示教板是用四个波段开关模拟四个双稳态电路，能非常确切地演示出进位过程、反馈过程、译码结构，操作与显示同步。在我校召开的北京高校运动会上，我们承担的径赛电子计时系统（和83、85教研室同志合作）正式使用。后来又在北京老年运动会和学校运动会上多次使用。虽然因为精度、结构、应用范围有限等，只被评上学校教学二等奖，但是这是学校东操场应用的最适用的、影响较大的一套设备，给既关心体育活动又对新技术应用有兴趣的同志留下了深刻印象。最有趣的是，我们把当时已经很少有人使用的模拟电子计算机用在了教学上，它可以产生频率极低的方波信号，在演示电子闸门的工作原理等处使用它，能把有关电路搞得清清楚楚、明明白白。

（作者原单位：机电学院）

怀念"142会战"的难忘岁月

● 赵衡阳

那是1963年到1966年一段难以忘怀的岁月。当时苏联单方面撕毁合同，撤走全部专家，我国的核武器研究受到很大影响。在这关键时刻，党中央、毛主席做出了自力更生发展我国"两弹一星"的高科技尖端科学技术战略决策。

1963年，我校接受了142科研任务。任务是为核弹研制爆炸性能与安全性能好、装药工艺性能好、机械加工性能好的精密装药。我校在魏思义院长的领导下，立即成立了由周发岐（时任北京工业学院副院长，主管学术与科学研究）与丁敬教授（时任八系代主任）为正副组长的科研项目组，在校内定名为032科研项目组。六系的教师主要负责新型高能炸药合成研究。八系负责高能炸药改良、精密成型，以及爆炸性能、力学与机械加工性能、安全性能与长期储存性能等方面的研究与检测。当时丁敬教授一手抓八系教改组，一手抓032科研。他把83602班学生（当时本专业的高年级学生）及831和812两个教研室的大部分教师组织成八系032科研项目组。该项目设三个科研组：第一组为造型粉（即炸药改性）组，由徐更光任组长；第二组为药柱成型组，负责把炸药改性后制作的造型粉（颗粒状炸药）压制成一定形状的药柱，并测试其成型性能、力学性能、机械加工性能、密度均匀性以及安全储存等性能，由恽寿榕任组长；第三组为爆炸性能测试组，负责测试所研制多种配方装药的爆速、爆压、冲击波感度及机械作用感度、做功能力等多种爆轰性能参数，该组组长为张鹏程。参与032科研项目组的八系师生多达50人，再加上化工系从事炸药合成相关性能测试的人员，项目组共有70余人。

我作为一名工作不久的年轻教师，有幸参加这项大型科研会战，无比振奋，决心全力以赴投入会战。会战的根据地就在戊区（科研禁区）爆炸洞实验室。虽然戊区爆炸洞当时在全国是唯一的一座5米直径的大型爆炸容器，但实验室的整体装备还是苏联20世纪40年代的落后设备。例如，炸药爆速的测定还沿用苏联的原有的道特里什导爆速铅板比对法，根本无法适应核武器试验中微秒到毫微秒量级的时间精度。"工欲善其事，必先利其器。"我们在正式会战之前最紧急的任务是实验室测试仪器和装备的更新改造或引进。我当时和张鹏程老师负责调研和引进、验收、试验苏联高速示波仪的任务。我们翻译了全部苏联高速示波器的性能资料。我们引进的第一台仪器是苏联的 OK-17 高速示波仪,是 1963 年年底到货的。张鹏程老师和我跑了两趟东郊很偏僻的一个货运场提取了这台仪器。回来后花了大约一周的时间验收仪器、消化资料等。以后我们又快速引进了 OK-19 及 ИВ-22 型等多种型号的宽频带高速示波仪,作为爆轰过程短时间间隔测量仪,时间分辨率分别达到 10^{-7}s、10^{-8}s 和 10^{-9}s,可对爆轰波、冲击波进行高精度的测量。在此基础上,通过研究发展建立了电子探针测爆速技术、水箱法测炸药爆轰压测试技术、冲击波传爆观测技术,以及平面波发生器设计制作与观测技术等。除高速示波仪之外,在这一年多的时间内大家集思广益、多方协调、夜以继日地工作,围绕科研项目的几个大领域先后添置了一系列所必需的设备,如研制造型粉用的多种化工设备,多种型号的保温箱、电烘箱,多台万分之一精密天平。在精密装药部分,改装了 100 吨压药机,调来并安装了 300 吨大型油压机,设计并加工制作了多种尺寸的药柱压药模具,购置了材料力学试验机,安装了隔离操作的用于对炸药柱进行机械加工实验的机床等。在爆炸性能测试技术部分,除了在六系设计安装了用于机械感度测试的两套卡斯特落锤仪及用于炸药热安定性的测试仪器之外,八系 032 科研组先后购置了当时国内先进的 GSJ 高速摄影机(转速 70 000 转/分)可对爆轰过程进行扫描式和分帧式高速照相。

  我于 1961 年毕业留校后住在 10 号宿舍楼,离实验室只百步之遥。我基本上天天去实验室。1963 年后,丁教授领导主持的 142 大型科研,直接为我国第一颗原子弹研制做出贡献。我更是日夜泡在实验室。我于 1963 年春节结婚,新婚后由于没有房子,我们只能住集体宿舍。1964 年我爱人厂里分配给她一小间房子,在崇文门外的一条小胡同里。我每天上班骑自行车来回近 3 小时,花费时间太多,就干脆搬到实验室,晚上就睡在实验台上。

  那时有大量的试验工作要在爆炸洞进行,白天根本不够用,只能排两班倒甚至三班倒。我们试验检测组更是日夜连轴转。因为会战组总体方案的决策需要等待我们爆炸性能测试组的测试结果,我们不得不经常通宵试验,直到会战组得到满意结果。有一次为了测试多组数据,竟连续工作三个通宵,困了,水龙头上冲冲接着干,或伏在实验台上迷糊一会。

  1964 年我爱人怀孕,当时我们科研正进入紧张阶段。我爱人当时虽不知道我这么忙是为什么,但她知道这是一项国家任务,很理解我。她独自张罗由她同事的一熟人护送她回上海老家,产后两个月又独自带着儿子回了北京。

  试验工作常有意想不到的失败和挫折。我们就经历了一次哭笑不得的失败事件。当时我们用刚从苏联进口的 OK-17 高速示波仪测量爆轰参数,那个年代还没有宽频带数字存贮示波仪。所以爆炸过程微秒量级的单次扫描过程同步由电磁快门照相记录。而这一套联动记录机构环节太多,稍有一个小环节疏忽,就会前功尽弃。

当时全组成员花三天三夜准备了 12 组试件，又辛辛苦苦花了一整天时间做完这 12 炮爆炸试验，并冲洗出这 12 张底片，一看竟什么也没有！原来几十个试验步骤都很精确，但就忘了打开镜头盖！大家气得直跺脚，有的失声痛哭。当时想到的是我们的原子弹快点研制出来，为赶上全课题组的进度，大家投入到又一个三天三夜的试件准备和打炮试验中，试验结果非常好。第二天我们都足足睡了 12 小时。

经过一年多的努力，项目组先后研制出了 HIF、HJJ 和 HBJ 三种型号的高能混合炸药装药。特别是 HBJ 型炸药装药，具有爆炸性能好（爆速大于 8 700 m/s）、强度高、感度低、药柱均匀性好、机械加工安全、长期储存性能好等优点。据核武器研制工作第一线的同志后来说，该炸药装药在稍加改进后已被用作热核武器装药。

032 科研属于国家 142 任务，主要技术主管专家、核物理学家、学部委员王淦昌先生，力学家、学部委员郭永怀先生都对该项研究工作非常关注。王淦昌先生曾多次来我校视察和指导工作。国家 142 任务的各个协作单位，如中国科学院兰州化学物理所、五机部西安近现代化学所（204 所）、中国科学院力学研究所、大连化学物理所等，彼此之间相互参访，开展多种形式的技术交流，还开展工作成果的评比活动。此项科研的大协作，大大推动并加快了科研工作的进展。到"文化大革命"的前夕，该项科研已为我国核武器用高能量密度炸药装药提供了多种可供选择的型号。

032 科研在本专业发展史上开创了一个新的时代。通过 032 科研，专业发展摆脱了苏联制式的框框和模式，进入直接对接国民经济和国防前沿阵地的快速通道，师生的成长和发展也有一个质的飞跃。像徐更光院士当年在配方设计研究中充分发挥特有的潜力和才干，取得突出成果，此后又千锤百炼，一直在混合炸药前沿阵地奋斗，取得辉煌业绩，成为工程院院士、知名火炸药专家。我们专业也在科研会战中飞跃发展，成为我校第一批博士招生点和第一个国家级重点学科，成立了国家级重点实验室，成为我国知名的重点学科专业。

四十多年过去了，往事仍历历在目。我们还是常常怀念这战斗的岁月。记得在那几年时间内，国家调拨给我们的科研经费是相当可观的，但我们没有花一分钱用于聚餐、招待、庆功或劳务费或奖金上，全部经费用于购置仪器设备和建设实验室。

我从 1961 年毕业到今天经历了整整半个世纪，差不多有一半的时间在爆炸洞实验室度过。在那里度过我无悔的青春、中年到老年，在那里加入了中国共产党，在那里跟随党为我国的国防科技事业做出了我的贡献。

（作者原单位：机电学院）

我的科研经历

● 白玉贤

20世纪80年代,我开始参加单位对电容探测体制引信的研究。

经过一个五年计划的预研,在一片空白的基础上,设计成功了电容探测器、信号处理电路,初步满足在引信中使用的要求。

引信的研究过程,需要测试许多参数。由于引信工作在高速运动时,需要进行仿真测试。这样可以使产品的研制可控,既可以进行动态调试,又可以复现在实际引信工作时可能出现的情况。我们在进行引信研制的同时,根据电容探测器的原理,还研制了配套的电容引信仿真测试系统。在当时能实现仿真测试是引信研制的重大进步,大大加快了产品的研制过程。

到20世纪末,在大家的努力下,设计定型了第一个电容引信产品,实现零的突破。

在该产品的研制中,低温是一个难点。在进行低温攻关时,需要连续观察。为了能连续记录,往往要住在实验室。通过多次实验、对比、分析,我们改进了线路的模式,调整了参数,解决了在-45 ℃使用时的问题,满足了产品的要求。

当时电容引信在我国是一个空白,为了确保应用的可靠性,同时开展了在多种应用场合的研制,进行了各种干扰环境的测试。事实证明:该产品对射频干扰具有天然优势,是一种精确定距的引信。

引信的研制必须进行靶场试验。靶试都在荒郊野外进行,冬天寒风吹,盛夏骄阳晒。

一次靶试在内蒙古,由于时间紧,只能安排在元旦期间。我们不熟悉道路,到靶场已经快深夜,当时下着大雪,道路都让雪盖上了,车一下就开到雪窝里,折腾了3个小时才出来。我们到驻地时,一个个都成了雪人。

一次靶试配置出现问题,需要重新协调,直到手机的费用打光,也没有联系成功。当地又没有充值点,我们赶紧开车到包头,给手机充值。

一次试验照相的时候,突然发现相机的电没了,明明电充得足足的,为什么照几张就没电了呢?原来是天气太冷,相机在这样的环境下"罢工"了。知道了原因,赶紧把相机捂在怀里,给它保温,同时照相时动作快一些,不要使其变冷时"罢工"。

冬天试验时，野外吃饭也是问题。往往需要想办法热饭，烧灌木树枝热饭是个办法。但是直接架火上烤，容易煳，还不易控制。如果在树枝刚着完没有火苗时热饭，是最佳时机。这样，既没有了烟，又可以靠近烤。这算是在实践中总结出的经验。

有一次，产品的靶试在盛夏的南方进行，配用的弹是燃烧弹，靶场的落点长着茂盛的草，几乎每做完一项试验后，都需要迅速灭火。上面烈日照，下面野草烧，好个热闹！

多年科研研制的电容引信产品，已经在多种弹种上实现应用，产值几个亿，形成一系列研制、生产技术，拥有自主的知识产权。成果获得国家发明三等奖、部级科技二等奖。

我们的电容引信技术，不但在国内处于领先水平，而且达到了世界先进水平。

（作者原单位：机电学院）

《学位与研究生教育》杂志创办初期的历史回顾

● 陆叔云

一、我是怎样走上办刊之路的

1. 从处于辍学边缘的农村孩子走向继续求学和工作

我出生在农村,是农民的儿子,家里人口众多,生活困难,从小就要割草、放牛,参加插秧、除草、割稻,深知劳动的艰辛。1950年,父亲患病去世,家里负债累累,连土改分得的土地也抵偿了债务。初中、高中、大学,靠人民助学金我完成了全部学业。1956年,我加入了中国共产党,还被选为留苏预备生。后因留学政策改变,1957年,我转到北京工业学院学习,并在1960年提前毕业,留校工作。我曾任北京工业学院五系收发实验室主任、雷达研究室副主任、系副主任。一路走来,深感没有共产党就没有我的今天。

2. 从办电子技术刊物走向办教育刊物

1984年,北京工业学院接受了国务院学位办公室、教育部研究生司委托编辑出版《学位与研究生教育》的任务。由于缺少人手,学院副院长兼研究生院院长柯有安说:"你办过杂志,你来吧。"实际上,我过去办的是科技类杂志《电子技术》,与教育类杂志《学位与研究生教育》性质完全不同。但是,我服从工作的需要,1984年10月25日调入研究生院,被任命为研究生院办公室副主任兼编辑室(主要出版杂志)主任。在调入研究生院时,我还在本校无线电系从事"控制系统理论基础"课的教学工作。当时,我教学工作、编辑工作、研究生院管理工作齐头并进,任务繁重,每天晚上还要完成送国防工业出版社拟公开出版《反馈与控制》教材每天10页的抄写任务。1986年,在研究生院机构调整时,我被任命为学校研究生院学位办公室副主任(兼编辑室主任),开展重点学科申报、学位授权点申报等工作,同时承担办刊物工作。

3. 从兼职办刊走向专职办刊

1987年,在全国刊物大整顿中,经国家新闻出版署批准,《学位与研究生教育》自1988年开始公开出版发行。为此,国务院学位办、教育部研究生司向学校提出,让我全力办刊,不再兼任学校任何工作。在这种情况下,我被学校任命为《学位与研究生教育》副主编兼编辑部主任，开始我的专职办刊之业。文字工作不是我的强项，但是我想："要么不做，要做就一定做好。"我一边工作一边学习，不断总结，不断前行。

二、承办《学位与研究生教育》是我校的荣光和责任

1. 学位与研究生教育研究对研究生教育期刊的呼唤

众所周知，1981年1月1日我国开始实施《中华人民共和国学位条例》，开创了成批培养研究生的先河。在此之前，在研究生培养方面，我们积累了一些经验，但是没有来得及进行系统的总结，而今在贯彻经过一波三折而建立起的学位制度、成批培养研究生方面又碰到了许多实际问题有待研究和解决。更为重要的是，1982年9月，党的十二大把教育确定为经济发展的战略重点，对研究生教育提出了新的任务和要求。因此研究生教育如何更好地适应经济社会发展的需要，独立自主地培养社会主义现代化建设各方面所需要的博士、硕士就成了一个十分重要的问题。也就是在这种形势下，研究生教育的科学研究才被提到议事日程上来。

1983年7月，经国务院学位委员会和教育部领导的批准，国务院学位办公室和教育部研究生司在北京召开了研究生教育和学位制度研究工作座谈会。教育部部长何东昌指出："要开展研究生教育和学位制度的研究工作，包括研究国外的经验，使我们的一些决策有一个比较科学的依据，以便少走弯路。我们以往的很多事情，吃亏就在于没有认真研究就拍板，一拍就拍错了；再改变又要经过好几年时间，现在看来不开展研究是不行的。"在明确了开展研究生教育和学位制度研究的重要意义的基础上，会议就开展研究工作的指导思想、方针和原则、研究的课题计划以及具体措施等进行了讨论。为了给总结交流国内外研究生教育和学位制度方面研究成果提供园地，为探讨新理论、开拓新路子、研究新问题提供阵地，创办一本综合性的研究生教育和学位制度研究的刊物就成了研究生教育研究的期待和呼唤。这也就是1984年9月正式创刊的《学位与研究生教育》刊物的由来。

2. 北京工业学院领导同意承办《学位与研究生教育》，决策正确

编辑出版《学位与研究生教育》刊物，国务院学位办、教育部研究生司一开始曾经找部属院校来承办，但未能如愿。此后，领导机关找北京市高教学会研究生教育专题组组长单位北京工业学院协商，最终学校领导答应承办《学位与研究生教育》。众所周知，北京工业学院是一所工科院校，办教育科研刊物不是它的强项，因此，能否办好《学位与研究生教育》，人们心存疑虑。国务院学位办、教育部研究生司下达的文件也是说，"近期内"由"北京工业学院负责主编和出版工作；成立《学位与研究生教育》编辑部，设在北京工业学院，负责日常业务；编辑部由主编、专职编辑和秘书各一人以及北京大学、清华大学、中国人民大学、北京工业学

院、北京航空学院、北京钢铁学院、北京医学院、北京农业大学和中国科学院、中国社会科学院各选聘一位兼职编辑组成"。经过一年半的试刊，刊物取得较好的社会反响，得到了广大读者、作者的赞扬和肯定。为此，在1985年12月召开第一次《学位与研究生教育》编辑部工作会议时，国务院学位办主任、教育部研究生司司长吴本厦宣布：《学位与研究生教育》决定放在北京工业学院编辑出版，不再变动。这是国务院学位办、教育部研究生司对北京工业学院的信任，也是北京工业学院的荣光。虽然1998年全国"学位与研究生教育发展中心"成立时，曾将《学位与研究生教育》编辑部隶属于中心管理，但国务院学位办和北京理工大学协商确定，《学位与研究生教育》杂志仍留在北京理工大学，"其现行的人事、行政和党务体制不变，归属北京理工大学"。

《学位与研究生教育》的出版发行，提高了北京工业学院的社会知名度和声誉。

三、不断克服办刊道路中的困难，砥砺前行

1. 人力不足，缺乏办刊经验

办好一本刊物，要有一支编辑队伍。可是，我们的编辑部工作人员，只能从零开始。

克服人手不足的措施是：

（1）在学校领导的支持下，迅速建立起一支专职编辑工作人员队伍。

编辑部先后调入几名工作人员，有的是硕士毕业留校，有的是从领导机关调入，有的是从外单位调入，这样编辑部迅速有了一个专职的工作班子。但是，人员组成不合理，清一色的工科出身。硕士生工作能力较强，进入角色较快，但流动性较大，有的升迁了，有的调离了，不可能较长时间在编辑部工作。为此，我们决定招录具有教育或文科背景的本科毕业生来编辑部工作，让他们一边工作一边攻读硕士学位，以解决人员组成不合理和稳定性较差的问题。

（2）聘请兼职编辑、特约编辑。

根据国务院学位办、教育部研究生司的指示，从《学位与研究生教育》创刊开始，从北京市各研究生院（包括社科院、中科院研究生院）聘请一名兼职编辑，以后逐步扩大到全国各研究生院；在部分省市学位办公室聘请了特约编辑。他们大部分是基层领导，有较强的工作能力、组织能力、领导能力（很多人，后来都成为研究生院院长、校长、党委书记），因此发挥他们的作用，等于为编辑部增加了几十个工作能力强的工作人员。他们也帮助审稿、改稿，出力不少。

（3）加强对专职编辑和兼职编辑的培训。

无论是专职编辑还是兼职编辑，既没有当过编辑，也没有办刊经验，因此在实际工作中，边工作实践，边学习提高，是我们唯一的办法。为了充分发挥专兼职编

辑的作用，熟悉编辑业务，在召开编辑部工作会议时，除请上级机关领导讲话外，我们还请一些老编辑开讲座，对专兼职编辑进行培训，从编辑工作意义、文字修养、做作者的知心朋友，一直学到编辑心理学，等等。编辑参加培训，既了解了上级机关下一阶段开展学位与研究生教育工作的内容和政策，也明确了编辑的任务，促进了编辑工作开展。

编辑部工作会议，无论是专职编辑还是兼职编辑、特约编辑都乐意参加，因为能听到上级领导的讲话，知道今后的工作方向，而且大家来自不同性质的院校，便于横向交流。例如，第一次编辑部工作会议上听了朱开轩副部长关于刊物的性质与任务的讲话，第二次编辑部工作会议上听了国务院学位办公室原主任吴本厦关于招生分配形势的讲话，第七次编辑部工作会议上听了国务院学位办公室原副主任顾海良关于学位与研究生教育工作的讲话，大家都说收获很大，不少研究生培养单位都向有关单位索要讲话稿。

（4）建立通讯员制度。

根据国务院学位办、教育部研究生司的指示，还请招收培养研究生数在100人以上的单位向《学位与研究生教育》选送一名通讯员，协助编辑部做好投稿、征订等工作。有的省市学位办特约编辑还在自己所辖区域组织了《学位与研究生教育》通讯员网（如陕西、上海、天津）。这样，围绕《学位与研究生教育》编辑部，在全国招收培养研究生的大多数单位建设了一个庞大的网络，为办刊工作的开展提供了有利的条件。这些通讯员工作负责，责任心强，活动能力较强，有的后来成为研究生院领导、校领导、省厅局级领导。

（5）出版《内部通信》。

为了协调编辑部、兼职编辑、通讯员之间的关系，编辑部专门编辑出版了《内部通信》，公布各单位的投稿数、杂志征订数，刊登慰问信，表扬先进事迹，以增进相互之间的联系与感情。《内部通信》对刊物的出版发行起到了很好的促进作用。

2. 刊物性质的异见与刊物名称的疑问

在创刊初期，由于研究生教育的科学研究比本科教育起步晚，而且缺乏专职研究人员，刊物的理论性不强，发表的文章停留在经验总结的水平上，因此一些人希望杂志能和其他高教研究期刊合并，这样可以节省人力、物力、财力，或办一本侧重于理论研究的刊物。对此，编辑部进行了认真的研究，因为这是涉及刊物定位的大问题。大家认为，一方面我们要正视杂志存在的不足，在提高刊物的理论水平上做长期坚持不懈的努力，但另一方面，刊物的定位要和研究生教育和学位制度科学研究的现状相适应，要和广大学位与研究生教育工作者和研究生指导教师这个读者群的教育研究水平相适应，研究生教育科学研究的落后状态决定了杂志在现阶段只能把应用研究，包括工作研究、政策研究等作为自己的主攻方向，任何超越现实、拔苗助长，把纯理论研究作为杂志现阶段的主攻方向都是不符合事物发展的客观规律的，也是不会取到好效果的。刊物一定要坚持工作指导、经验交流和理论研究三者有机的结合，办出特色来，否则就会失去读者，偏离办刊宗旨。后来的实践证明，这样的抉择是正确的。

《学位与研究生教育》刊物名称的内涵是什么？在办《学位与研究生教育》以前，国务院学位办、教育部研究生司曾经想办一本《研究生教育和学位制度》刊物。将它与《学位与研究生教育》进行比较可知：学位与研究生教育是学位制度和研究生教育制度、学位工作和研究生教育工作的总称；或者说，学位与研究生教育是反映了既有区别又有联系的学位工作和研究生教育工作、学位制度和研究生教育制度两个事物的习惯称谓。这也就是说，在使用"学位与研究生教育"这个习惯用语时，既可谈谈学位工作的内容，也可谈谈研究生教育工作内容（学位制度和研究生教育制度亦然）。但是，学位和研究生教育是两个不同的事物，两者不存在互相包含的问题。学位工作一般包括学位授予、学位类型设置、学位授权审核、学位管理、授予学位的学科专业目录，等等，而研究生教育工作包括研究生招生、研究生培养、导师队伍建设、研究生论文答辩、研究生思想政治教育，等等。我们不能把研究生培养作为学位工作，也不能把学位授予作为研究生教育工作。注意，学位不仅包含研究生层次的学位，也包括学士层次的学位。学位与研究生教育更不能简化为"学位教育"。

3. 设立《学位与研究生教育》自己的账户，完成纳税，不知如何下手

1984年9月创办《学位与研究生教育》杂志时没有考虑设立自己的银行账户。国务院学位办、教育部研究生司给北京工业学院拨付办刊经费，按1万元/每期计算。编辑部的办刊支出，到学校财务处办理借款或报账。《学位与研究生教育》出版以后，受到了广大读者的欢迎，社会反响较好，因此经过一年的试刊（免费赠送），自1985年下半年开始，变免费赠送为内部征订，收取成本费。在这个过程中，杂志的票据盖的是学校的财务章。学校是事业单位，不交税。可是，杂志的主办单位是国务院学位办和教育部研究生司，不是学校。为此，学校财务处希望杂志单独设立银行账户，脱离北京工业学院。

对于单独设立银行账户和独立开具发票，没有经验，也不知从哪里入手。单独设立银行账户，比较简单，凭介绍信到银行就可以设立单位账户。开具发票，麻烦较大。我找到税务部门，排了半天队，小女孩一句话"不卖发票"就把我打发了，可依然不知如何起步。后来找到海淀工商管理局，才弄明白：不用办理法人登记，有了期刊证就可以直接注册，购买发票本。路径清楚了，事情就马到成功。发票上要盖的财务章，经公安局批准就能刻制。

杂志有了自己的账户，要有会计（可以找兼职的）、出纳，增加了人力成本，但减少了审批环节，提高了工作效率。

4. 办刊条件较差，经费紧张，发行困难

（1）办刊条件较差。

1984年9月，由国务院学位办、教育部研究生司委托北京工业学院主编出版的《学位与研究生教育》第一期出刊。当时，没有专职办刊人员，杂志由学校副院长兼研究生院院长柯有安负责，具体工作由研究生院办公室主任郭明书负责。1984年10月25日，我调入研究生院，被任命为研究生院办公室副主任兼编辑室（主要出版杂志）主任。1985年5月，刘恢银从兵器工业总公司调回学校参加办刊，同年7月，苏青硕士研究生毕业加入办刊队伍。以后，办刊队伍逐步扩大。杂志创立初期，条件艰苦，除国务院学位委员会办公室、教育部研究生司每期拨付1万元外，编辑部没有任何收入。编辑部在2号教学楼有20平方米办公用房一间，除每人一张办公桌和椅子，以及一张小会议桌外，没有别的任何家当。

（2）杂志运送的困难。

从印刷厂运输杂志到编辑部办公室全靠研究生院的一辆人力三轮。杂志的包装，全体研究生院的工作人员参与，包装后由邮局拉走并寄往全国各研究生招生、培养单位。《学位与研究生教育》试刊的实践表明，它受到了广大读者的欢迎。为此，1985年下半年，刊物由免费赠阅改为内部征订，收取成本费。为了节省邮寄费，对北京市的一些大订户，我们曾经用人力三轮（戏称"航母"）送货上门，小订户则用自行车（戏称"快艇"）送。由此可见，创业异常艰苦，编辑人员不仅要做脑力劳动，还要做体力劳动。

（3）编辑部与研究生院相对独立后带来的问题。

由于研究生院和编辑部工作性质不同，学校领导让编辑部和研究生院实行相对独立。这样，在每期杂志出刊时，杂志的包装任务重、时间短，过去有研究生院的工作人员帮忙，现在仅仅靠编辑部专职人员，确实困难很大。于是，我们只好请编辑部工作人员的家属来帮忙，这样人力就增加了一倍，不仅保证了包装任务的完成，而且增强了大家的责任感和凝聚力。家属也很乐于参加这样的劳动，很热闹，既增加了一点收入，也更关心编辑部的工作。

5. 购买、运输、存储印刷用纸也是困难重重

20世纪八九十年代，印刷用纸十分紧张，52克的普通平板纸以及较厚的胶版纸、铜版纸均由新闻出版署纸张公司计划供应，而且纸张质量不一。如果遇到厚度不够，或印刷时容易起褶、卡纸的纸张只得低价卖给别的单位，作为油印用纸。为了买到适用的印刷用纸，我们想尽了各种办法。每次运输纸张还要联系车队要车，联系印刷厂腾出库房和使用叉车卸车，等等，过程烦琐。

《学位与研究生教育》自从创办以来，杂志的印刷工作一直由学校印刷厂负责。但是，杂志印出来以后，仍要我们自己用人力三轮运回编辑部，劳动强度很大。后来，杂志改由三河县一个印刷厂印刷。开始，合作顺利，编辑部从新闻出版署

纸张公司买来的纸张也存在该厂，以便印刷时使用。但是，后来发现印刷厂私自动用了编辑部存在该厂的纸张，而且出现了"三角债"问题。为了减少损失，我们拉回了纸张，终止了合作。教训是深刻的。

6. 组织优质稿件，提高刊物质量和水平，道路坎坷

一本刊物要有水平，质量高，是办刊过程中最艰难的事。而一本高质量的刊物，没有优质稿件就等于巧媳妇难为无米之炊。要争夺高质量的稿件：

第一，编辑外出参加会议较多，因此对会议稿子要争分夺秒地拜读（会议期间，回北京路上）并告初选意见。

第二，要争取优质稿件，编采人员必须走出办公室，深入基层，了解各地区研究生教育的动态与信息，了解一些学者的研究课题与进程，和作者交朋友，请求支持，提前约稿。但是，也不是约定的稿件就唾手可得，也有半道被抢的。

第三，紧紧围绕"两委"的中心工作，制订选题计划，编辑外出采访亲自撰稿，把稿件的主动权牢牢地掌握在自己手中。

编辑部每年都围绕"两委"的中心工作制订宣传计划和组稿计划，例如以"保证质量 稳步发展""走内涵发展为主的道路""高层次人才培养立足国内"等研究生教育发展方针和"坚持标准 严格要求 保证质量 公正合理"的学位授权审核方针进行宣传和组稿。大量的自然来稿中，不乏高质量的稿件，但是我们不能"守株待兔"，编采人员必须走出办公室，深入基层，了解地区研究生教育的动态与信息，并进行有针对性的组稿，或亲自撰写出有较高质量的稿件来。过去我们宣传报道研究生导师和研究生的事迹多，宣传管理干部少。后来，经我们了解，陕西省高教局科研处处长在从事学位与研究生教育工作过程中做出了一流的工作业绩。为此，我们派记者去西安作了专访，发表了题为"做一流工作，创一流成绩——杨致禄其人其事"一文，在研究生教育管理干部中取得了较好的反响。我们虽然宣传报道了一个人，却鼓舞了一大片研究生教育管理干部，也给我们自己以鼓舞、信心和力量。我们撰写的《引导研究生超过导师》一文，也引起了大家的关注，认为博士研究生超越了导师，那导师还怎么当！实际上，博士研究生要做出创造性成果，在某一点上就必然要超越导师，而且这本身就是导师指导的结果。

《学位与研究生教育》的出版，受到了广大读者、作者的热忱欢迎。作者积极投稿，是对刊物的信任与支持。我们也要积极回馈，热情为他们服务。我们认为，对作者的尊重与爱护最根本的标志就是对稿件一视同仁，按质录用，不能有偏爱，不能有歧视。对一些有创新意义、观点新颖、适应时代脉搏的来稿，我们要精心修改，及时发表；对于一些文章长、深度不够但观点正确新颖的稿件我们也会提出建议，让其修改，或摘其精华在"来稿摘登"栏目刊登。华中科技大学一位老师，文章长而不深，我们建议他一分为三，写深写透，结果三篇全部录用。

总的来说，作者对我们的服务还是满意的，但也有个别作者因稿件未被录用，有意见。对于作者的意见，我们要听得进、经得住，耐心地做好解释工作。

7. 艰难前行，争取在全国高等教育界、期刊界获得一席之地

《学位与研究生教育》创办以后，由于缺乏办刊经验，我们曾去《中国高等教育》编辑部拜访学习，对期刊有了一点了解，但对全国高等教育期刊的情况一无所知。

大约在20世纪90年代初期，部委系统高教研究期刊的代表在张家界召开了一个研讨会，酝酿成立全国性组织。1992年，各省举办的高教期刊和各部委举办的高教期刊都参加了在黄山召开的会议。会议决定，1993年在云南昆明召开全国会议，成立全国高教期刊研究会。鉴于我刊发行量居全国第一，而且层次较高，公开出版发行，在全国高教期刊研究会中有一定的地位，故我给秘书长李福林打电话，询问我刊能否成为常务理事单位。经过研究，秘书长李福林回电同意《学位与研究生教育》杂志成为常务理事候选单位。为了宣传我刊的经验，扩大我刊的影响，我会前准备了论文《办好综合性期刊的探索与实践》，得到了主持会议者的肯定，并在大会上第一个宣读（后被评为优秀论文一等奖）。

1993年，我刊尚未能进入全国中文核心期刊，但是杭州大学叶林1993年在《江苏高教》上刊文，测定我刊为全国中文核心期刊。在全国655种高教研究期刊中，他测定有42种期刊为核心期刊，《学位与研究生教育》名列第九。

1994年，全国高教期刊研究会在承德召开会议，我参加了准备会议即返回北京，准备《学位与研究生教育》创刊10周年大会。在创刊10周年会上，全国高教期刊研究会秘书长李福林对我刊给予了高度评价，认为"刊物有特色（高层次人才培养），有活力（新经验、新观念不断涌现），有权威（机关刊物），有影响（发行量遥遥领先）。编辑部是四有：有魄力，有干劲，有主见，有办法"。

1995年，《学位与研究生教育》被北京大学图书馆、北京地区图书馆期刊研究会评为全国中文核心期刊，在高等教育与师范类核心期刊中名列第六。6月，在全国高教期刊研究会常务理事会上，我被增选为高教期刊研究会副理事长。

1996年，在全国高教期刊研究会第二次会员大会上（海口会议），我代表高教期刊研究会作了组织工作报告，提出了作为理事、常务理事应有相应的职务或职称，能实际参加工作，不能派人代理。我在大会上，发表了《期刊特色的认识与实践》一文（后被评为优秀论文一等奖）。同年，我还被选为中国高等教育学会理事。

1997年，全国高教期刊研究会在福建武夷山召开年会，我主持了会议，并就刊物的定位、做法和经验做了介绍。会后，司法部一个杂志的代表说："听了你的发言，就觉得收获很大，定位、做法都有了。"

实践告诉我们，刊物要获得高等教育界、期刊界的认可，只有把刊物办好，做出成绩来，才能获得别人的尊重和赞许，才能在高等教育界、期刊界争得一席之地，

获得应有的地位并发挥应有的作用,即"有为才有位"。

四、若干感想

1. 领导关怀重视和社会需求是办好刊物的动力

《学位与研究生教育》作为国务院学位办公室、教育部研究生司主办的刊物,上级领导十分重视。

创刊时,教育部部长何东昌亲自为刊名题字并撰写发刊词。1985年,国务院学位办公室、教育部研究生司庆祝我国第一个教师节大会在人民大会堂召开,除主编柯有安外,我也被邀请参加,非常荣幸,这也说明领导机关对刊物的重视。

1985年,编辑部召开第一次工作会议,教育部副部长朱开轩到会讲话,明确了刊物的性质和任务。国务院学位办公室主任、教育部研究生司司长吴本厦不仅在创刊号撰文论述搞好学位与研究生教育的重要性,而且时时刻刻关心着刊物出版发行的进程、编辑校对的质量、内容的正确与否。每次刊物出版之时,他都要询问。刊物送国务院学位办公室以后,一般吴司长都会马上阅读。领导严格把关,促进了我们时时处处严格要求,做到万无一失。

1986年,教育部部长何东昌做完有关研究生教育改革的报告以后,指示把报告整理出来刊在《学位与研究生教育》上,对于促进和提高我们的刊物有积极作用。

因为《学位与研究生教育》委托北京理工大学主编,编辑部设在北京理工大学,到春节时,国务院学位办公室、教育部研究生司领导还到北京理工大学来看望编辑部的工作人员,给大家极大的鼓励。20世纪90年代末,国务院学位办公室、教育部研究生司综合处处长到编辑部,看到办公条件不好,又请国务院学位办公室、教育部研究生司拨款10万元。

1994年,在庆祝《学位与研究生教育》创刊10周年时,教育部副部长张孝文在部里开完会赶来参会;学位办的不少领导都参加了会议;在国务院学位办公室、教育部研究生司的协助下,征得了9位国家级、部级领导的题词(存放在教育部),9位大学校长的题词;14个省市研究生教育学会和研究生院发来了题词与贺信,18个研究生培养单位和兄弟刊物、兄弟单位也发来了贺信。这是《学位与研究生教育》办刊历史上的幸事、盛事。

《学位与研究生教育》刊物的主编由学校校长或副校长兼任,对办好刊物起了十分重要的保证作用。例如,柯有安对刊物内容的把关十分严格;朱校长在编辑部办公用房和解决家属工作调动方面给予了支持与帮助,而且大胆放手让部下主动积极地去工作,要求敢做敢当。

一本刊物有没有生命力,关键是看能否满足社会的需求以及能否得到读者的肯定。

《学位与研究生教育》刊物是应对学位与研究生教育研究的呼唤而创办的,它的出版受到了广大研究生指导教师、研究生管理干部和研究生的欢迎。有的同志来信说:"自从我国恢复研究生招生和建立学位制度以来,这方面的工作发展很快,如何做好这两项工作,已突出地摆到人们的面前。我们这么大一个国家,属于教育最高层次,代表国家教育水平的研究生教育,及与之相关的学位工作,涉及面广,政策性强,任务繁重,学术要求高,却没有一个指导性刊物,这是很不相称的。贵刊的出版填补了这一空白,必将对提高我国研究生教育水平、完善我国的学位制度,起到指导和推动的作用。"也有的研究生指导教师说:"刊物的出版发行,使我们从事研究生教育工作的导师有一块交流教学经验和交换改革设想的园地。"吉林工业大学一位教授说:"杂志办得很好,我比较满意,其特点是:范围广、灵活多样;水平高,内容充实;信息快,及时反映全国研究生培养的方针、政策、趋向和问题,起到了桥梁作用。"西安电子科大一位副研究员说:"本刊办得很有特色,内容广泛,实践性强,既有理论又有实际,对工作很有启发和帮助。"一位政治教师也在来信中说:"你刊对教学、管理、科研帮助很大,阅后很有启发,在宏观上能帮助掌握方向,在微观上能得到有用的理论、经验,是教学工作者的良师益友。"

根据 1993 年的统计,《学位与研究生教育》在国内的发行量一直保持在 1.7 万~2.1 万份,在全国高教研究期刊中名列前茅;质量也不断提高,影响日益扩大,读者认为刊物的学术性、指导性、综合性、实践性特色明显,质量高,有权威。《新华文摘》《光明日报》《复印报刊资料》《教育报刊资料》《中国教育报》等均转载或摘录过我刊的文章,如《复印报刊资料》1992 年就转载了 13 篇。刊物还远销美国、法国、日本、新加坡、澳大利亚等国。

1987—1989 年,国家教委在全国高校 1 500 个左右的博士点中评出了 416 个重点学科点之后,在相当长一段时间里一些单位的重点学科建设工作止步不前。为了推动重点学科点的建设,我深入到南京大学,了解了该校重点学科建设与管理的经验后,发表了《贵在坚持、重在落实——记南京大学重点学科的建设与管理》一文,取得了较大的社会反响。

2. 编辑既要成为杂家,又要成为专家

一个编辑,既要有一定的文字功底,又要有较宽的知识面以及组织活动能力,尤其是专业期刊的编辑,应该是某一专业领域的专家(既当杂家,又当专家);否则,难以胜任编辑工作,确定不了选题,审查不了文章内容,判别不了文章是否有新意。因为我们经过多年的学习,熟悉学位与研究生教育的方针政策,所以对于读者的每封信函,可以认真地给以答复。有的研究生导师来函问研究生业务费的标准问题,有的在职青年来函问在职人员以同等学力申请学位的试点单位及学科专业方面的情况,有的应届大学本科生来函问研究生招生的政策及双学士学位等问题，对此，我们都热情地为其提供咨询服务，做到有问必答，有信必回。曲阜师大一位同志来信说："我觉得现在很少有像你们这样认真的态度，对我提出的问题及时了解，回答得清清楚楚，真是出我的意料之外。"还有一位接受过我们热情服务的在职青年，也是感受很深，不仅考上了北京理工大学的硕士研究生，后来还考上清华大学的博士生，和我们编辑部建立了深厚的友谊。

编辑要成为专家，参加学位与研究生教育的课题研究是必要的。通过参加教育科学研究，我感到有如下几点好处：

第一，通过系统的资料搜集，可以深入学科前沿，了解学科前沿的问题和水平，为探索具有中国特色的学位与研究生制度做出贡献。

第二，通过课题研究，在扩大知识面的同时，可以在某一领域加深造诣，成为行家里手，既当杂家，也当专家。

第三，通过课题研究，可以提高自己的业务素质，拓宽视野，在更高的层次上来审视稿件和确定选题，为进一步做好编辑业务工作、提高刊物质量打下坚实的基础。

我在《学位与研究生教育》编辑部工作了 15 年，刊物从无到有，从内刊走向公开出版，从一般刊物变成了核心刊物，发行量始终占据全国第一，而且还销往国外。一路走来，有苦也有甜，但更重要的是，我们为我国学位与研究生教育改革与发展做出了一点贡献。

（作者原单位：学术期刊中心）

回 望

● 郝临华

时光荏苒,岁月如梭。

我于1986年到《学位与研究生教育》编辑部工作,在1999年从这个杂志社退休,又被返聘一年。十余年的时间弹指一挥间,但留下不可忘怀的记忆,如过影像在脑海中闪现。在此回顾那些拼搏的年华,以作纪念。

一、负责财务管理和刊物征订、发行组织工作

1. 财务管理

管理财务责任重大,也考验一个人。杂志社是企业性质的财务独立核算单位,要交税。我参加了有关学习班,拿到了会计证和兼职办税人员证,又学习了新会计制度的借贷式记账法,用到了工作中。杂志社财务管理走向规范化,是国家正规的增值税一般纳税人,新财税制度执行单位,我挑起了这个重担。

在日常财务工作中,我清楚记载每一笔财务账目,做到账目清楚、齐全,审核规范,保存完整。小额现金账,坚持凭证要2个人以上签名,并编号保存,定期请领导核查签署。每个月财务结算,要做出几种报表,缴纳国税、地税,提取费用等。这工作是按部就班的,必须按时申报,准时办理,不然要交滞纳金。就是这样月复一月,年复一年。学校每年财务大检查,我们都顺利通过。多年来在财务管理上,我付出了较多心血,很好完成了各项任务,没出过问题。

2. 刊物征订、发行组织工作

每年刊物征订,要寄出大量信件,给订户邮寄征订单,一年又一年。办刊10年,订户发展到1000多户,遍布全国。发行量一直稳定在1.7万~2.1万册。刊物远销至美、澳、日、新加坡等国。

通过征订、发行,刊物得以广泛订阅,在我国学位与研究生教育事业中,发挥了极大作用。我认真良好的服务精神,也受到订户好评,为刊物赢得良好声誉。

刊物征订工作开始后,大量的订书款集中汇过来,是一块很大的工作量,必须要加班才能缓解。我以较强适应能力和应变能力,努力提高效率,积极统筹,兼顾

手中各项工作，目的就是一定要做到不影响大局。我们自办发行，为杂志社节省了相当数额的发行费，这也是编辑部创办以来，在经济拮据情况下，得以维持下来并滚动发展的重要方面。通过实践和经验积累，我总结出一套科学发行程序：每期发行时，用一大张纸把当期发行情况张贴出来。大家密切配合、团结一致，发行有序进行，一包包书从我们手中寄往世界各地。春夏秋冬，暑去寒来，杂志社不断前进。

我负责的财务管理工作和刊物征订、发行工作，都是事务性很多的工作，但是，它们是杂志社极其重要的、关系到全局性的支柱工作。我以工作需要为重，顾全大局，发扬吃苦奉献精神，独当一面做好各项工作，起到了保障作用。

二、做好编辑等文字工作

《学位与研究生教育》刊物是国务院学位委员会办公室、国家教育委员会研究生办公室主办，是级别较高的刊物，在众多刊物评比中屡获佳绩。我有机会十多年参加刊物创办，做了不少工作，也有收获。

1. 做好记者、编辑等文字工作

作为本刊记者，我参加多次采访，并作多篇报道，如发表于《学位与研究生教育》刊物1989年第3期《做一流工作 创一流成绩》，1989年第4期《厌学！厌学！厌学！》，1990年第3期《人民可信赖的知识分子——访周恒教授》，1992年第6期《转变观念 加快学位与研究生教育改革》，1993年第2期《抓住有利时机 迈上新的台阶》。

我对自己从事的光学仪器工作，进行了一些整理和总结，撰写了论文《薄壁镜筒防变形加工》，发表在《光学技术》1988年第1期上。我还发表了自己对编辑工作的认识，如《期刊编辑研究》1994年第1期《我是如何做好期刊的编务工作的》，《医学学位与研究生教育》1994年第1期《我怎样做研究生教育期刊的编务工作》等。我参与编纂的《中国博士科研成果通报》，已于1991年4月由北京理工大学出版社出版，还参加了《中国大学研究生院》一书编写。

2. 提高文字业务水平，扩大业务知识领域

我阅读了语法、逻辑基础、写作方法、论文写作，以及编辑学、编辑修养等方面的书，提升自己的编辑素养；参加了书法学习班和文学写作学习班，提高了业务素质和写作水平。我的散文作品结集于丛书《心河》，诗歌作品收入诗集《新诗六十五家》《含羞草》等。

我曾获书法优秀学员、文艺作品赛纪念奖、93届文学专业优秀学员等。

1993年3月，我被"秘书学研究所"聘为兼职研究人员；1994年1月，被《慧

源消息报》编辑部聘为兼职主任。1999年,工笔画《绶带鸟伴牡丹》发表在《跨世纪中国艺坛风采》(大型画册,开本 889×1 194,1/16,428 页,中国文联出版社出版)。

(作者原单位:学术期刊中心)

发挥科技优势　确保校园平安

● 孟祥福

我于 1978 年由部队转业至北京工业学院，到校后被分配到保卫处，2004 年到保密处，在退休前一直从事学校的治安管理和保密工作。那时校园的治安、刑事案件时有发生，实验室及计算机房连续被窃，教师无法做实验，学生无法上机，学校的教学、科研工作受到直接影响。为做好校园的治安保卫工作，维护稳定的校园治安秩序，必须发挥学校的科技优势，开展技术防范和科技创安工作，这样学校的治安管理工作才能变被动为主动。在学校领导的关心和相关单位的支持下，我参加并见证了学校开展技术防范和科技创安所经历的三个阶段。

第一阶段是"磁条阶段"。此前的重点要害部位防范靠人看守（即人防），俗话说老虎也有打盹的时候，真是防不胜防。20 世纪 70 年代末 80 年代初，学校根据保卫工作的需要，由我校贾云德老师牵头，进行科研攻关，成功研制了依据电磁原理，利用磁性材料的连、断达到报警目的的技术防范装置。

第二阶段是"被动红外报警阶段"。20 世纪 80 年代末 90 年代初，我校及时引进"被动红外报警控制技术"，对学校重点要害部位的安保技术体系进行了一次全面彻底的升级换代。这项技术的核心是采用被动红外探头，通过监测红外线的变化达到发现情况并及时报警的目的。

第三阶段是"数字视频监控阶段"，20 世纪 90 年代中期，我们又开始着手视频监控技术的研究和引进工作，首先在我校的部分重点要害部位引进安装"视频监控系统""无线视频监控装置"，并建设专网视频安防监控系统。

在学校党、政的领导下和有关部门同志的帮助下，2001 年 4 月，我组织并参加起草制定了《北京理工大学加强校园治安工作方案》《北京理工大学校园专网视频监控安防系统初步设计方案》等 6 个专项治理工作方案，并在工作中逐步落实。在 2001 年 6 月北京市公安局文保处召开的北京高校技防工作会议上，我代表学校在大会上作了"发挥科技优势，确保学校平安"的专题发言，受到了兄弟单位的一致好评。此次会议对北京高校科技创安工作产生了积极的影响，有力地推动了北京市文保系统科技创安工作的开展。

根据北京市委教育工委关于《北京高校科技创安"十五"规划》，2002 年学校筹集资金360万元，用于学校安防监控系统的一期工程建设。2002年5月，学校首先组建了校园安防监控系统项目法人组和工程项目组。我作为这项工程的主要负责人之一，深感责任重大。我下定决心，要以高度负责的精神，把此项工程做好。为了保证工程的顺利进行，确保工程质量，除了聘请工程监理公司外，在学校相关部门的支持下，还聘请了安建平、李小平、左渠、赵敬中、赵树东等老师组成专家组，协助把关并制定我校安防监控报警系统设计任务书。经过对设计单位设计方案反复论证、实地考察、设计答辩、再设计、再论证等复杂的工作程序，报请领导审批后，2002年9月10日，我校与北京天川科技发展有限公司正式签订了《北京理工大学安防监控系统一期工程项目合同》。同期，学校与北京建扶工程建设监理公司签订了《北京理工大学校园安防监控系统一期工程建设工程委托监理合同》。2002年年底开工建设。从研究制定设计方案，到监控中心装修及监控系统实施建设，我不论工作日还是节假日都全身心地投入在此项工作中。工程质量要求精益求精，容不得一点马虎大意，每购进一个零件，每项工程的进展，我都坚持亲自到场严格审查、确保质量。如监控中心的拱形屋顶结构，没有图纸，校内没有这方面的专家我就到校外请，现场比对放大样提出要求，最终达到预期效果。我校安防监控系统采用先进的数字视频光纤传输，融合传感以及全数字硬盘录像、存储等现代技术，集视频显示、控制管理、视频报警、报警后处理等功能。一期工程包括监控中心和家属区分监控室的建设。系统包括巡更系统、无线指挥系统，线缆布设到各教学楼，安装摄像头62路，对校园的重要出入口、重点要害部位、敏感区域和重要路段实施全天候监控。监控中心160平方米，构造使用面积210平方米。安防监控一期工程，于2003年9月投入试运行，学校党委书记焦文俊视察了监控中心。2003年10月30日，由北京教育工委组织的北京高校科技创安工作现场会在我校举行，市委教育工委副书记夏强主持会议；25所高校校长、党委书记参观了我校监控中心，并对我校科技创安工作取得的成绩给予了高度评价。2003年12月12日，学校安防监控系统一期工程竣工，举行了北京理工大学安防监控一期工程竣工验收暨北京理工大学监控中心揭牌仪式，匡镜明校长为北京理工大学监控中心揭牌，校党委常务副书记郭大成代表学校讲话。监控中心的建成标志着我校的科技创安工作跃上了一个新台阶。2003年12月26日下午，北京市公安局技防办4位专家，对我校已建成的安防监控系统一期工程进行了全面质量验收。市技防办专家对我校已建成的安防监控系统一期工程，从施工技术、设备安装工艺、文字资料、监控效果四个方面，进行了极为认真、细致、严格的逐项审验，专家一致认为我校已建成的这套安防监控系统工程的整体效果在北京乃至全国应属一流水平，并高度评价了我校对安防监控系统工程的整体设计理念：设计方案具有超前意识，面对日趋复杂的安全形势，在监控中心二楼专设突发事件现场指挥部是非常必要的。专家对安防监控系统一期工程的技术安装和整体工艺水平也给予了较高的评价。

本系统自运行以来，先后接待了来自北京、天津、江苏、河南、黑龙江、吉林等全国各地的领导、专家参观学习，受到了一致好评。该系统建成投入使用后，成效显著，有效维护了学校的稳定，保证了学校教学、科研工作的顺利进行。北京电视台、中央电视台等多家新闻媒体来校进行了采访并专题报道，也为学校争得了荣誉，扩大了学校的影响。北京理工大学被中共北京市教育工作委员会、北京市教育委员会评为北京高校科技创安工作先进学校；安防监控系统一期工程被评为北京高校科技创安示范工程。

（作者原单位：保密办公室）

情系北理工 60 年

——纪念北京理工大学成立 80 周年

● 龚元明

漫漫 8 年的大学生活

1960 年 8 月,我从上海来北京工业学院自动控制系读书,被分配到计算机专业。

1963 年年初考试期间,我得了肝炎,不得不在校医院住院,出院后回上海休学一年,1964 年复学后降到 22611 班继续上课,成为"老五届"的学生。

1964 年 12 月 7 日,学校组织师生去山东曲阜进行"四清",为时近半年。这是我第一次真正接触农村,体会了当地农民的真实生活,学会了一些农活。当时我住在全村最穷的人家,白天劳动,晚上开会,与农民"三同"。在农民家天天吃发苦的红薯面糊和硬硬的红薯煎饼,菜只有辣椒酱,直到开春后树上结了点榆钱,地里长出大葱,才有些菜吃。

1965 年春,我们从山东回校继续上课,后到北京有线电厂参加毕业实习。在磁芯板车间我见到许多青工在穿磁芯板,要在上万个内径约 0.6 毫米的磁芯中穿三根漆包线并非易事,不少青工工作两三年后因眼睛近视而不得不调换工种,这件事情对我触动很大。这些青年工人为我国的计算机事业的发展做出了极大的贡献。实习结束后就开始了毕业设计,我的指导教师是彭一苇老师,从事我国第一台晶体管计算机 441-B 的研制工作。由于我们对晶体管知识一无所知,就从 P-N 结补起,了解 441-B 的核心推拉触发器的功能。尽管当时计算机技术相对落后,但近半年的毕业设计还是学到很多知识。

我们毕业前夕,由于"文化大革命"教学工作几乎全部中止,我们在校一直等到 1968 年工宣队进校才分配工作,当时自动控制系决定刘玉树和我两人留校工作。因此我整整在大学学习了八年,最后全班连一张毕业照都没有照成,大学毕业证书都没有拿到。(直到 1980 年学校才补发毕业证书)

教书育人,为校争光

1968 年 9 月毕业后,留校以及从外校分配到我校工作的 1966 届毕业生 60 多人去河北省白洋淀解放军农场劳动，这批人的户口也全都从北京迁移到河北安新。在解放军农场我们每天早晨要出操，晚上要轮流站岗。我最怕的就是深夜站岗，从晚上10点到第二天6点，每班岗2人2个小时。直到1970年春天才返回学校。

回校后我又被分配到五系电子厂，主要进行集成电路的研制工作。当时我们的工作条件很差，天天和浓硫酸、浓盐酸打交道，身上的白大褂布满了小洞，大部分实验设备都是自制的。1972年，我们研制成功第一批集成电路，虽然工艺水平较低，只是6个门的小规模集成电路，但研制过程培养了一批半导体人才，为我校五系半导体专业的建立奠定了基础。

由于计算机专业的基础课程与无线电系课程类似，再加上五系电子厂的存在，20世纪70年代初，学校领导决定把计算机专业由二系调整到五系，更名为52专业。1980年7月，组建了计算机科学与工程系（代号9系）。

1972年5月，我结束了电子厂的劳动，返回计算机教研室。然后与李书涛老师一起住在东郊738厂（北京有线电厂）参加320晶体管计算机的调试工作（该计算机控制了我国第一颗人造卫星的发射）。当时北京电台开始播放英语学习的初级班，我就跟广播从ABC开始学习（我们在大学学习的是俄语）。

一年多后，我回到学校，从1973年9月起参加多功能台式计算机的研制工作。由于国内缺少有关资料，我与陈为正、周培德、陆容安等老师去中科院计算所学习消化美国W-520台式机的图纸。在此基础上，1974年2月开始在北京综合仪器厂（261厂），由我校、738厂和北京崇文电子仪器厂三家单位，以厂校合作的形式开始设计和试制多功能台式计算机。我主要参加输入和输出部分的设计和调试。1975年年初完成第一台样机的生产，当时处于国内领先水平，在全国第一次采用了双列直插式集成电路（由878厂提供），可编写BASIC程序，可用小打印机输出结果。后来，由北京崇文电子仪器厂（后改名为北京计算机五厂）负责批量生产（总共生产了几十台）。从1975年6月到1977年10月两年多时间我一直住在崇文电子仪器厂参加多功能台式机的改进、定型和投产工作。同时结合当时的"开门办学"辅导1972—1974级学生的毕业设计。

1977年回校后，我参加了教研室的部分教学和科研工作。1978年改革开放之后，我校派出了第一批访问学者去国外留学。1979年年初，我通过学校组织的综合选拔考试（当时考英语、数学和物理三门基础课）后，断断续续脱产学习英语近一年，并于1980年7月通过国家选拔考试。1982—1984年，我以访问学者的身份，受教育部委派去英国学习两年，主要进行软件工程的研修，在VAX小型机上编程，将PSL/PSA系统从大型机向小型机移植。当时，我在国外第一次接触到网络和BBC微型计算机（当时用5英寸软磁盘保存数据），并深深体会到工作的方便。

1984年8月回国后，我在系里从事计算机应用的科研和教学工作，开始辅导和讲解"离散数学""微型计算机原理"等课程，并编写讲义在系里首次讲授"软件工程"本科生课程。在科研上继续与北京计算机五厂合作,把 PSL/PSA 软件系统移植到 IBM PC 微型计算机上,并命名为 Micro PSL/PSA,用于帮助软件的开发,共销售 20 多套,后来该项目被评为北京地区优秀软件奖。

1985 年,计算系把两个教研室(901 和 902)扩大到四个教研室(901—904),我去了 904 教研室并开始把研究方向转向人工智能方面。在系里首次开设了"专家系统""模式识别""图像处理"等研究生课程,并参与图像处理的有关科研项目。记得当时为图像处理实验室购置微机 IBM XT(包含一块图像处理板)共花了 8 万多元钱(当时是一笔巨款),计算机采用 MS DOS 操作系统,硬盘只有 20 MB,用 5 英寸软磁盘保存资料。可见,当时的微型机的配置是很低的,而现在计算机都采用 Windows 操作系统,硬盘容量可达几个 TB。

1990 年 5 月—1994 年 5 月,我担任计算机系副主任,主管教学工作。我认为这届系领导班子做了两件很重要的工作:一是申报成功获得计算机应用技术博士授予权;二是争取把计算机系由四号楼的东端搬迁到新的中心教学楼,为我校计算机学科的发展创造了新的机遇。

1994—2003 年,我一直在 904 教研室从事人工智能和软件工程方面的教学和科研工作,指导培养了大批研究生和本科生,编写教材和著作 20 多部,发表论文几十篇,获部级科技奖十多项,并被评为北京市优秀教师,在教书育人方面取得了一些成果。

退休后继续热爱学校,发挥积极作用

作为一名计算机专业的教师,与自己的计算机专业,与培养自己的学校有着深情厚谊。"活到老学到老"对我来讲是至关重要的,因此退休 17 年来我并没有完全脱离计算机专业,一直跟踪计算机的发展。

退休后的前五年,我一直在我校房山高职学院担任计算机的教学工作,每年上下学期各一门课程。同时还参加了计算机学院和学校两级的学生毕业设计检查工作和学校教改立项的评审工作。

我校计算机专业是全国最早的计算机专业之一。在建校 70 周年时吴鹤龄同志就提议编写我校计算机专业史,支部组织生活中也多次进行过讨论。2011 年年初成立了编委会,我们支部 13 名党员写了 12 篇回忆文章被收录(包括我所写的两篇文章),大家还提供了大量学习、教学和科研的宝贵资料和照片。2011 年 9 月,专业史《开拓进取 桃李芬芳——北京理工大学计算机教育 52 周年》正式出版。这本 68 万字、596 页的书共分专业简介、忆峥嵘岁月、数风流人物等七个部分。这本书发给了每位作者和参加 70 周年校庆的校友,有重要的意义和广泛的影响。

在社会工作方面,我参加核工业研究生院的教学工作,主讲"软件工程"研究生课程，每年都要更新部分教学内容，增加人工智能、大数据、云计算等内容；参加兵器工业大学的考试课程辅导材料编写和考试试卷命名；还长期参加两所高校的学报论文审阅工作。

更重要的是，2004年年底起我作为财政部技术专家参加国家政府采购工作，至今已参加了400多项评标和评审工作，对公开招标、竞争性谈判和单一来源谈判的程序和流程比较熟悉。同时工作中也结识了一大批国内计算机专家，基本上了解目前国内计算机技术和产业的发展情况。

我60年来的一个体会是我个人的成长与我国、我校的发展是完全同步的，我伴随北理工一起成长。另一个体会是计算机是高科技的学科，发展很快，要跟上科技的发展，必须学习、学习、再学习，必须活到老学到老。

（作者原单位：计算机学院）

参加我国第一颗回收遥感卫星研制工作

● 明万林

1967年11月，在北京工业学院六号教学楼七层，由国防科工委牵头、王大珩院士挂帅，召开了由长春光机所、公安部一所和我校工程光学系等单位参加的我国第一颗回收遥感卫星照相机研制工作组成立大会，命名为6711工程组。我作为成员之一开始了为期四年之久的科研攻关与研制工作。

我们研制的卫星叫"尖兵一号"，是颗可见光棱角扫描胶片感光式的侦察卫星。在卫星相机与回收舱之间有一个止推火箭，大约2米距离，在卫星相机的主电机工作后，把照过相的胶片送出来，经过约2米密封通道，送到回收舱的胶片盒里。胶片盒上的电机要及时平稳地把照片收回，回收得过快，胶片受的张力过大影响照相质量，过慢会造成堆片。我在北航学的是航空电机电器专业，想在回收电机上采用串机电机解决这个问题。串机电机的工作特性是力矩大了速度就小，力矩小了速度就大。后来把相机装在飞机上，做了一次对地面照相联机试验，试验结果表明这个法子会造成胶片行走不太平稳。为此，我在相机里加装一个张力机构：当胶片受的拉力大时，回收电机张力辊触动压力开关，回收电机断电；当拉力小时，压力开关断开，接通了回收电机，收回胶片，同时张力辊吸收多余的胶片，不会造成堆片。后来，经过进一步改进，在张力辊上安装了电位计，用这个电位计给出的信号，通过脉冲来调整电机的回收速度，问题得到圆满解决。

我们研制的卫星相机有个较大的扫描棱镜，主电机带动齿轮减速器上的蜗轮蜗杆将动力传到万向节的蜗杆，再传到棱镜，尺寸链较长。棱镜不是圆的，由于地球引力的影响，转动起来不是特别平稳，出现了慢步爬行和抖动现象，严重影响照相质量。工作组领导提出要在棱镜上加装阻尼装置。我对这方面很熟悉，认为可以采用磁粉离合器，这样阻尼力大小可调。我向大家介绍了磁粉离合器的特性。这个磁粉离合器，由兰州142厂生产。主电机是由陕西135厂生产的。领导决定让我去一趟，把这两个器材采购回来。非常幸运，这两个厂都是当时北航的对口实习厂，有好多北航的校友，我又拿着国防科工委的介绍信，从厂领导到车间主任都非常重视，我顺利地拿到产品。

研制初期的想法是准备两颗，发射一颗，留一颗备用，但是实际研制时准备了

5~6 套，除两颗用于发射外，还有机械星、电器星、环境试验星等。卫星相机除要经过冲击震动试验外，还要进行太空宇宙射线影响的试验，这个试验选择在上海原子能研究所里的回旋加速器里进行。用加速器发射的射线代表宇宙射线来照射相机各个部件，测试其对相机工作有否影响。我非常荣幸参加了这个试验，但对于身体健康来说并不是一件好事，因为在原子回旋加速器里工作，都要受到残留射线的影响。和我们一起做试验的带队领导焦世举，是北京工业学院毕业的研究生，后来当了 506 所领导，他从试验场地回来后，身体感到不舒服，便去医院做了个检查，白细胞降到 2 000 多，后来，我们每个人都查了一下，白细胞都有不同程度的下降。

当时学校正处于停课阶段，没有暖气，工作室只好生煤炉取暖，工作环境非常艰苦。卫星相机定在北京华北光学仪器厂加工生产，随后研制工作组转移到厂里，改名为 681 工程组。在学校里居住的已成家的老师，去厂里上班路途远，有一定困难，陆续退出工作组，但是，他们为研制工作做出的贡献是不可磨灭的。比如说主电机后减速齿轮箱的设计，由我们教研室徐丽芳、耿立中老师负责，通过他们的精心计算、精准设计，加工后，一次装配成功，为研制工作的顺利进展赢得了宝贵时间，获得一致好评；还有 411 教研室任志文等老师，参加了卫星回收相片的地面校正仪的工作，这是地面判读不可或缺的设备。

回首往事，感慨万千，我们这代人已垂垂老矣，曾经为祖国的建设和富强做出了不可磨灭的贡献。一代更比一代强，每一代人都为祖国建设奉献着青春和力量，我们的祖国一定会越来越强大。

（作者原单位：光电学院）

渗硼技术为校争光

● 陈树旺

在北京理工大学建校 80 周年之际，回忆和展示我在渗硼技术的科研项目上所走过的路。渗硼技术是 1970 年前后开始国内外研究的热处理新技术，钢铁制件渗硼后表面硬度达到 HRC70 以上，可大幅度提高工件的使用寿命。

一、渗硼技术科研项目来源

为了创立材料专业，为将来给专业学生联系实习工厂，1974 年，教研室派我参加了北京市总工会技术交流站的热处理交流队。由于我在交流队工作出色，为北京市热处理工人开办了热处理初级、中级学习班，受到欢迎，被评为市总工会"职工教育先进工作者"，到北戴河休养，并担任了教学情报组组长。

1977 年 7 月，技术交流站派我参加了一机部在江西召开的渗硼技术交流会。会后，按交流站要求要向全市各有关单位传达会议内容。我打破了以前的惯例，提出要义务把会议资料编写成一份几万字的《模具渗硼》教材，对渗硼这项新技术进行系统讲解，供大家研究应用。站领导非常重视，并同意负责印制近千册。我的讲解分两天进行，在近 200 人的教室讲课，受到与会者热烈欢迎。当时五机部综合所派蒋黎民高级工程师参加了这次传达。我为交流站所做的一切服务无任何报酬。

1978 年 10 月，兵器部在太原召开了第二届全国热处理经验交流会，大会特邀作两个专题报告：一个是石霖教授的"碳氮共渗"，另一个就是我的"渗硼技术"。会后，各省市与会代表纷纷请我去作报告。经组委会和综合所协商，同意并支持我去邀请省市推广渗硼技术。综合所把渗硼技术列为 1978 年、1979 年新技术推广项目，下达给我校并下拨了推广经费。我又为综合所编写了《钢铁渗硼》，散发到全国兵工单位。

1978 年 11 月—1979 年，我应邀到江西、安徽、四川、陕西、辽宁、吉林等省的五局、国防工办作"渗硼技术"报告，受到各主办方极为热情的接待。1979 年，成立了"707 科研组"，周木兰、吕广庶加入研究，他们也在这个项目上做了很多工作。在他们的支持下，渗硼技术的研究取得重大进展，开始了渗硼技术的研制与实践，研制成功固体渗硼技术。

二、应用研究

1985年，应四川383厂邀请，我承接了"热冲孔冲头渗硼的应用研究"项目。经过半年的试验和生产应用，使冲孔冲头和氧气瓶拔伸冲头使用寿命提高2～6倍，远远超过了科研协议规定的指标，取得了显著的经济效益。1985年12月，该项目通过了兵器部技术鉴定专家评审，认定达到国内先进水平；1986年，获校科技进步一等奖。北京热处理厂、北京洗衣机厂均取得可观的经济效益。1988年，该项目获北京市科技进步三等奖。

三、学术研究

1985年2月，应机械工业出版社之邀正式出版了《渗硼热处理》一书，这是国内至今为止唯一全面介绍渗硼技术的书籍。我还发表有关渗硼技术论议近20篇，在《北京机械》《机械之人》《四川五机局科技报》《国外热处理》《金属热处理》《热处理》等报刊上发表论文。在全国第二届、第三届渗硼学术会，第一届、第二届渗硼渗金属学术会，中国电子学会在乐山和忻州举办的热处理学术会议，首届中国热处理学会主办的首届热处理活动周等会议上发表论文，并为大会发言。

1986年，分别由中国热处理学会、中国电子学会主办，由我承办并主讲的全国渗硼学习班共三期，参加者近百人，为渗硼技术在全国推广应用做出了贡献。

四、为专业建设做出了贡献

1976年，开始招收材料专业学生，利用渗硼科研项目，由我和周老师、吕老师主带本科生毕业论文5~6届，论文均为优良。特别是71781首届高考入校的学生，由我主带的一名学生的论文获评优秀论文，并被收入学校第一期的《优秀毕业生论文集》中。

五、应用范围不断扩大

国内外渗硼技术大部分被广泛应用在模具上，我们采用自主创新研制的固体渗硼剂和工艺开始应用在热作模具上。后来，应社会需求，我们开发了新的领域。20世纪80年代，我应北京市大兴县民政局邀请，为残疾人创办了热处理材料厂，无偿提供了该厂所有产品开发和渗硼剂生产项目，创造了良好的社会效益和经济效益。我为多家企事业单位成功研制渗硼技术：航天部一院、中科院一研究所的奥氏体不锈钢渗硼，航空工艺研究所纺织机导板渗硼，北京全四维公司发电机大型马氏体不锈钢制喷嘴叶片气道渗硼，广州某公司大型钢板、焊接模具渗硼，湖州某公司轴承配件渗硼，广东顺德电热丝渗硼，哈尔滨某公司管状工件内壁渗硼，河北固安砂砖厂砖模板渗硼，本溪某公司锯条渗硼，宁夏仪表公司阀门球体渗硼。

六、荣　　誉

在渗硼研究中我不断创新，在各领域成果显著。2000年北京理工大学"渗硼技术简介"被中国热处理网登上了技术创新栏目。许多用户在网上得到信息，全国离退休人才网找上门来，请我参加他们的专家团队，使我校渗硼技术成为"网红"。有近十家公司先后将我聘为技术顾问，特别是得到宁夏回族自治区政府的重视，成为自治区特聘专家。

七、总　　结

我的一生没有辜负党的培养，在渗硼技术上刻苦钻研，取得了一定的成绩，为党为人民做出了应有的贡献，也在社会上为北京理工大学争了光。感谢党的培养、人民的信任和同志们的帮助。

我的座右铭是："老老实实做人，认认真真做事"，不追求名利，工作不分内外，只要党和人民需要就要努力去干，而且要干好。

退休后，2011年被老干部处评为优秀党员。由于渗硼技术研究应用出色，我被北京热处理学会聘为理事，被中国热处理学会渗硼渗金属委员会选为第一届委员。

（作者原单位：材料学院）

创建 71 专业的回顾

● 周木兰

我校的材料科学与工程已步入一流专业,成绩突出。作为它前身的金属材料与热处理专业(代号 71),已经成为历史。时间虽然过去快半个世纪,但当时历经艰辛的情景还历历在目。

一、建立 71 专业的起因

1971 年,学校准备复课,实行开门办学。金相教研室也从飞行器工程系并入刚组建的机械工程系(七系),系领导指定我负责教研室工作。直到 1974 年,才任命了教研室领导班子(共三人),石霖老师任主任,我任副主任,直至 1983 年。我分管专业建设、教学与科研等工作。

1971 年冬,大家都在思考到底如何教改,杨道明老师提出,只有创建专业才是我们的出路,我和其他老师也有同感。1972 年,全校开始招收工农兵学员,教改形势更加逼人,会上会下中心议题都是要创建专业。根据大家的意见,经过慎重考虑,决定到外校取经。我负责组织了五位老师(石霖、杨道明、吕广庶、封文瑜和我),于 1972 年 5 月到南京、上海、杭州等高校和上海热处理厂参观学习、调查研究。返校后经过全教研室充分认真讨论,有了下列共识:

(1)适应国防工业对人才的需求。

(2)只有创建专业,才能改变教研室现状,为教学、科研、实践相结合找到出路。

(3)具备一定的条件。有从事十多年金相热处理教学的老师,有刚调入我室的 4 位专业老师,有两个供外专业做金相和热处理实验的实验室。

(4)有困难。当时系主任李向平教授指出:上专业不仅资金紧缺,缺人、缺实验场地,还缺基础课教师。

(5)需组建一个班子,专门负责筹备新专业的工作。经教研室投票选出了三人(我、吕广庶、王华英)组成筹备组,我任组长。

二、上级批准北京工业学院设置 71 专业

筹备组将大家反复讨论的意见，逐级向主管部门反映。1973 年 9 月，我们根据院教务处指示，到兵器部汇报了筹办金属材料与热处理专业的设想，得到领导的积极支持。霍处长讲："因为部内没有该专业，每年都委托部外高校代培，数量有限，你们能办这个专业是雪中送炭，太好了。"他还建议，让我们到部属工厂、研究所进行调研。

筹备组三人持部介绍信赴太原、西安、宝鸡和重庆的部属重点企业和研究所，包括制造枪、炮、坦克等的厂子，所到之处，受到高度重视和热情接待。通过各种座谈会，我们了解到金相、热处理在兵器工业中的重要性。他们迫切希望部属高校能设置这个专业，又建议要更好地结合兵器实际，重视培养学生动手能力和解决实际问题的能力等。此外，我们还到西工大、西交大等有关院校参观学习和调研。回到学校，向各位老师汇报了调研情况，统一认识后，由吕广庶老师执笔写了申办专业报告，并获教研室通过。

筹备组在向兵器部霍处长递交申办专业报告时，还作了口头汇报，着重讲了师资和设备两个问题。在师资方面，我室较早为全校讲授的课程班多、学时多，随着不断的教学改革，班级和学时都大幅减少，使教师有了富余。1971—1972 年又调来四位专业课老师，加强了办专业的师资实力。在设备方面，1952 年院校调整，原冶金系调出我校，曾用过的 X 射线结构分析仪等多台专用设备被留下来。当然，要新建一个专业现有条件还是很不够的。最后向领导表示了决心，我们一定要克服前进道路上的各种困难，创造条件办好这个专业。

1973 年冬，兵器部回函，正式批准北京工业学院设置金属材料与热处理专业（简称 71 专业），并建议先招进修班，再招收工农兵学员，可视实际情况隔年招生。

三、71 专业创建后的初期工作

1. 制订教学计划，确定培养目标

我们的首要工作是制订教学计划。在石霖老师指导下，根据调研情况、兄弟院校经验和当时的教改形势，通过大家讨论，制订了第一份教学计划，其中包括培养目标、专业范围、课程设置、每门课的学时数，并明确提出了对制订教学大纲、实验、实习和毕业设计等的要求。

2. 任务落实到人，充分发挥大家的积极性

在各项任务落实到人的过程中，发现有些实际困难影响老师全身心地投入专业建设。为最大限度激发各位老师的积极性，增强集体凝聚力，我一方面与筹备

组的两位老师精诚合作，积极工作，另一方面，尽一切可能帮助解决他们在工作和生活上遇到的各种问题。为了办好专业，我不辞辛苦，事无巨细，解决一件件的事、一个个的问题，骑自行车穿梭于领导和各有关部门的办公室，甚至晚上还去领导家里进行沟通，保证了大家团结一心、无私奉献、共同努力完成好教学科研等任务。

3. 缺基础课教师的问题

教学计划中的基础课教师紧缺，主要是缺日语老师和制图课老师。日语课，我可以教。至于制图课的问题，当制图教研室陈笑琴老师得知此信息后，主动加大工作量，为我们专业讲授制图课。

4. 师资队伍建设

教研室共有教职员17人，其中6位老师承担全校技术基础课的教学，剩余的7位老师和4位实验员要担负起专业的全部教学、科研等任务，力量明显不足。为此，我们在校内及时传播这一信息，很快引人关注。亲自向我推荐的就有6位（包括2名教辅人员）。另外，校21教研室主任张惠、731教研室陆士毅老师、校医院李家芳大夫分别推荐了张丽华、王建华、钟家湘等同志。经院系领导批准，在首届本科生入校后，都陆续调入我室。在扩大师资队伍方面，系领导很重视，专门安排系党总支办刘怀宗同志协助我工作。那时想调入的人较多，经我们认真调查了解，择优引进。

5. 教材、课程和实验室建设

新设的专业课没有现成的教材，大家只能自己动手编写教材。各位老师确实很辛苦，倾注了大量心血，时间来不及，就夜以继日地工作。有的课开设实验，没有实验室，新建房屋又不可能，便想办法从校内挖掘潜力。结果发现在我们教研室附近有三个房间存放的都是杂物。经七系和器材处领导的同意划归我们，从此有了机械性能、物理性能和仪表三个实验室的场地。此外，对原有的金相实验室进行重新布置，安放了新购入的大型卧式电子显微镜。

6. 科学研究和下厂实习

科学研究既可为国防和经济建设服务，又可提高师资水平和教学质量。因此，大家对开展科学研究的积极性很高。经大家的努力，争取到彩色金相、形变热处理和渗硼技术课题的立项。离子氮化课题是洪宝华老师召集院工厂负责人和我开会共同研究决定的：学校出经费，工厂提供场地，由郭德成、倪国年两位老师负责该项研究。这些项目取得了重要成果（包括国家科技进步三等奖、部级科技进步二等奖和北京市科技进步三等奖）。后来，兵器部物资局负责人提供给我们研究深冲弹钢魏氏组织的课题。该课题1985年获得了国防科工委重大科技成果四等奖。我们刚刚起步开展科研工作，就获得国家和部级重要奖项，的确难能可贵。更为重要的是积累了经验，锻炼了队伍，为后来学生做毕业论文和科研工作打下了良好的基础。

实习是培养学生实践能力必不可少的重要环节。我们先组织老师到北京有关工厂现场考察，后又与上海热处理厂接洽。1976级工农兵学员在北京电机厂实习。第一届本科生的生产实习在北京618厂，毕业实习则在上海热处理厂。这两次都由我带队。去上海还有陈树旺老师和青工小王。由于事先联系，准备充分，师生在实习中，拜工人为师，踏实肯干，实习效果很好。不仅学生觉得收获很大，还获得厂方好评。由于开了个好头，后来历届毕业生，都在该厂实习。

四、培养在职人员，办各种班

在尚未招收本科生之前，既为招收本科生做好教学准备，又为满足当时部属工厂有一批骨干人员急待培训的需求，我们于1974年12月、1976年2月办了两期金相热处理进修班。在两个进修班中，除了面授金相热处理的理论知识，以及金相、力学性能检验和热处理操作技能的培训，还有毕业实践。1977年3月，招收了一届工农兵学员（71761班）。1984年6月，院教务处陈德瑾同志和我参加了兵器部在南京召开的招收在职人员会议。根据会议精神，1985年办了一届金属材料与热处理大专班。

五、正式招收71专业本科生

1978年正式招收本科生（71781班）。1980年停招一届，以后年年都招。在前几年教学实践的基础上，1979年对教学计划进行了修订，设置的专业课共11门，其中新开的课有5门；王建华老师调入后，增开了精密合金材料课。在各门课的教学中，虽然具体情况各不相同，但大家都认真负责，力争精益求精。

此外，石霖、沈达钧两位老教师开设专题讲座，主要介绍金属材料科学前沿的内容。

六、为创建硕士点默默奉献

培养研究生是促进专业上水平、上档次的重要组成部分，也是适应国家对高端人才的需求。但在国家颁布的学位制中，明确规定须有授权点的专业才能授学位。刚刚创建的71专业没有授权点。我室石霖老师符合硕士指导教师的要求，为尽快打开这一局面，通过多方了解，得知可去本专业有授权点的单位申请。石霖老师克服困难培养出了71专业第一个硕士研究生徐宗瑞，她的学位是北京钢铁研究院授予的。1982年，沈达钧老师开始招收硕士生。回顾两位老教师的辛勤耕耘，为争取71专业硕士授权点创造了条件。

综上所述，我们大家都深深地体会到只有群策群力、奋勇拼搏，用钉钉子的精神，去克服一个又一个的困难，才能完成好每一项任务。新调入的老师也为专业的建设和发展做出了重要贡献。

万事开头难。自1971年提出要创建专业，到1972年开始酝酿，在全体老师积极支持和共同努力下，由我牵头负责组织、联系、调研和论证，直至1973年才获得批准。1974年，在教研室主任石霖老师的亲自参与指导下，我主持了教学计划的制订，教学任务的落实，组织各门课程教学大纲的审核、教材的筹备、实验项目的设立。通过办短训班、进修班、1976级工农兵学员班，确保了1978级本科生教学走上正轨。到1983年任命教研室新的领导为止，共招收五届本科生，培养出两届毕业生。他们中有杰出的企业家潘小夏（71781班），身居要职的领导干部付恒升（71781班）和李和章（71791班）。

结 束 语

71专业的创立，主要起到了以下重要作用：

（1）为国家培养了一届又一届的专业技术人才，就业于国防工业、国内外企事业单位，得到用人单位的好评。其中有的已成为优秀的企业家、领导干部、教授和高工等。

（2）通过办短训班、进修班和大专班，满足了那个年代兵工系统急需培养不同层次人才的需求。

（3）壮大了师资队伍，及时吸引到了顶尖人才。

（4）扩大了我校在国内的专业影响，也提高了声誉和地位。例如应邀参加了国防科工委主持美国麻省理工学院著名相变专家M.柯恩教授来华讲学的筹备工作。还有兵工热处理学会、北京材料学会、中国材料研究会都挂靠在我校。

总之，创建 71 专业对我们而言是一个大的转折点，为教研室后续发展起了重要作用，也为我校材料学院奠定了基础，对于材料学科在北理工的存在和发展具有深远的历史意义。

衷心祝愿材料学院 21 世纪再次腾飞。

（**作者原单位**：材料学院）

与理工一路相随

● 卢懿生

2020年校庆，庆祝母校走过了光辉的80周年。母校的前身是自然科学院，1940年成立于延安，随后经过几次搬迁，几次更名，定名为北京理工大学，是兵器工业部所属七所兵工大学之一，是中国共产党创办的第一所理工科大学，为共和国的建设做出了卓越的贡献。

学校成立80周年，我在学校70年了。一路阳光，与校同行，深感此生无比幸福。

1951年，国家大力开展俄语学习，中央兵工总局要求兵工系统加强培养俄语人才，于是重庆兵工厂就把我这个年轻技术员送到北京来了。不过按照当时的规定，到北京学习属于保送进修，毕业之后，还须回到重庆原厂工作。世事多变，没想到，毕业时，我们的学校要来苏联专家了，我被留在学校当翻译，未能回到重庆。这一留，一晃就是几十年，直到今天。

当年，一些兵工局，如中南兵工局和华北兵工局，送来的人都比较少。重庆兵工厂很多，所以我们西南兵工局送来的人也就比较多，一共来了11人，女生2人，男生9人。我们11人报到完毕，把行李放在传达室，就立即进入教室听课。下课后再去传达室拿行李去宿舍。

教室在东黄城根路东一个小胡同内，距离校本部不太远，步行几分钟就到了。胡同里面有一个两进的四合院，很大。这里是各个外语班的教室，还有办公室和全校学生的食堂。

我们进入教室时，老师正在讲课。他是我们俄语专业的主任，俄罗斯人，名叫吴索福（Усов），大高个儿，对人热情和气，但在教学上很严格。他的中国话说得很好，但在课堂上，只说俄语。

我们进入教室听到的第一句话是"Это стул"（这是椅子）。当时，吴索福老师抱着一把椅子，在教室里来回走动，一边走一边大声念。谁也听不懂，但都跟着念（猜个八九不离十吧）。转眼七十年过去了。天翻地覆，世事沧桑，但此情此景，至今仍然清清楚楚地在我脑海里浮现。

我担任俄语课代表，和同学们一起努力学习。后来我担任班长，直到毕业。我

们同期同年级同学,一共有四个班。在几年的学习中,大家互相关心、互相帮助。

1952年,我在学习俄语期间,加入了中国共产党。

毕业后,同学们服从组织分配,走向祖国四面八方,为革命事业发光发热。我与几位同学被留在学校,担任苏联专家的翻译。

苏联专家陆续来到学校。各个系都有苏联专家,翻译员也是分配到各个系的。我分在五系,就是无线电系,实际上是雷达系。我与同学们一起听课、实验、实习,还一同到南京,参加了工厂实习。五系的领导对我特别照顾。

我在五系做翻译的时间最长。后来教英语,也是在五系的时间最长。遵照学校领导的安排,我曾一度离开外语室,完全成为五系的一员。过组织生活,领工资,评先进,我都在五系,在这里我被评为先进教师,登上了光荣榜。天地不老,岁月如流,我在北理工一天一天地成长。

在给系里做翻译时,我同时担任我们学院院长魏思文的翻译。魏思文院长是从部队上转过来的,听说他在部队上的军衔是中将。能和中将院长一起工作五年,是我此生学习、工作和成长的一个重要历程。魏院长,还有副院长,和专家组长谈话时、与专家们开会时、招待专家饮宴以及旅游参观时,由我担任翻译。

1954年,这是特殊的一年。学校动员职工参加高考。我报名参加,考上了。我被分配在北京工业学院第三机械系11541班学习。此系实际是坦克系。课外活动是学习驾驶摩托车。第一步是测试自行车的骑行技术。我有9年的骑车经历,钻杆测试,顺利通过。后来由于工作需要,领导决定让我提前毕业,给我发了毕业证书。

1971年1月,开门办学,外语教研室成立了教改组,到东郊将台路东光电工厂(四机部878厂)开设英语班,搞教改,派我担任教改组组长,在厂里开办英语班,一面编写教材、讲课,一面参加生产第一线劳动,就是参加集成电路的封装和测试。我从西郊学校本部到东郊将台路工厂,骑自行车横穿全城,往返奔驰半年多,顺利完成了任务。

后经组织保送,我进入首都师范大学英语系继续进修英语,直到毕业。

"文化大革命"结束之后,恢复了教学,我开始在多所学校教英语。

我同时是中国科协中国兵工学会会员和中国翻译工作者协会会员。1981年7月,应中国科普创作协会之约,我写了一篇翻译论文《英汉翻译概论》,探讨了翻译的任务、性质、标准、方法和技巧,等等。

1982年8月,我应邀参加了中国科普创作协会在云南省昆明市举行的外国科普作品引进工作学术讨论会。

1983年8月,我在新疆乌鲁木齐市参加了全国公共俄语教学研究会。在英语教学普遍展开的情况下,来自全国各地的俄语老师代表们研究了怎么进一步开展俄语教学。

1992年3月,在第四机械工业部机械科学研究院开设翻译班,教育科聘请我去给他们翻译室讲翻译课,讲了一个多月,完成了预定的计划。

在北理工外语系的党支部,我连续三次当选支部宣传委员,直到退休。退休后,归属于老干部处。在这里,先是被评为先进退休干部,随后,四次被评为优秀共产党员。

几十年来,我都是在党的领导、教育下,在北理工的直接培养下,一步一步走过来的。现在,欣逢母校 80 周年校庆,我谨向母校衷心汇报,并表示热烈的祝贺。我虽然已经退休 30 多年,90 多岁了,仍然感到胸怀激动,心中充满了无比深厚的幸福感与自豪感,愿与各位校友和老中青的朋友们,并肩携手、团结一心,矢志不渝、砥砺奋进,把我们的学校建设得更加宏伟、更加辉煌,成为具有中国特色的世界一流大学。

(作者原单位:外国语学院)

伴随物理学院成长发展的几件事

● 张瑞

一、我家三代同为校友

2020年，我的母校——北理工80华诞！

80年了，究竟有多少毕业生走出了北理工的校门，我不知道，校档案馆中应该有记录。但我知道并自豪的是：我的家庭有三个北理工及其"前身"的毕业生。

三代人的求学时间从20世纪40年代到21世纪初期，接近60年！

我的父亲是1949年4月从晋冀鲁豫边区北方大学工学院化工班毕业的。他曾经给我讲过在北方大学艰苦求学的故事。为了取出哑火炮弹中的火药，他和同学居然用榔头敲击引信，取下弹头，最后倒出炮弹内的火药，再利用！他们那代人，在极其艰苦的条件下努力学习。

我是"文化大革命"期间入学的工农兵学员。当时的校名是北京工业学院。我们班的30位同学，年龄跨度从17岁到27岁。入学时，有真正的高中毕业生，也有像我这样的——小学毕业证都没有的大学生。但是，珍惜来之不易的读书机会是我们共同的特点。

我的孩子是进入21世纪北理工招收的第一届学员。他们的学习环境与条件与我们不可同日而语。他在上学期间发挥自己的特长，和队友们团结奋斗，夺取了北京市高校篮球比赛的冠军！

母校的诞辰，是我们共同的吉庆日！

二、工作中记忆深刻的两件事

1977年毕业后，我被分配到刚刚恢复的基础部物理教研室。当时的教研室有两部分：大学物理教研室和物理实验室。物理实验室的部分设备是新中国初期与中法大学物理系合并后由该校带过来的。据说，实验室还保存有居里夫人赠送的1克镭。

1990年，系领导要求我配合物理实验室主任做点管理工作。当时，经过前辈们 40 年的不断奋斗，物理实验室已能面向全校理工科学生开出力、电、光及近代物理实验达 53 个。1992 年"物理实验"课程通过了校级一类（优秀）课程的评估。

但是，有些实验内容太陈旧，验证性的实验内容也偏多。于是我们在近代、综合、应用型实验建设上下功夫，在教学方法上加以改进，努力实现《重点高等学校工科物理实验课程教学改革指南》提出的"坚实的物理基础，出色的科学实验能力和勇于开拓的创新精神"的课程建设目标。

在向兄弟院校学习取经的过程中，清华大学物理实验室张同芳老师研制的"传感器测量空气相对压力系数"的实验装置引起我们的极大兴趣。他将现代的传感技术用于传统的热学实验"γ值的测量"中，极大地拓展了实验的深度与广度，将一个验证性实验改造成为综合性的实验项目。同学们在完成这个实验的过程中，还能学习到基础的真空技术。

当我们向张老师提出希望引进这个实验时，张老师讲，他同意并支持我们的想法，可是，他没有时间和精力再制作一批实验装置，清华实验室可以借给我们一套设备，让我们仿制。当天，我们就将该套实验装置带回了学校。

回校后，我们向学校设备处申请了 1 万元的自制仪器经费。我们课题组的所有成员分工合作，买材料、买元件、实验电路、加工实验架、安装仪器……实验装置中不可缺的水容器，我们用特大的不锈钢杯替代。最难的是，实验装置必备的玻璃容气球，要特别吹制。加工好的玻璃球还要和玻璃三通连接……难度很大！

当时，化工系（6 系）还有玻璃加工车间，我们找到工人师傅寻求帮助时，师傅二话不说，不求报酬地承接了这件麻烦事。

最终，在我们共同的努力下，仅仅用了 1 万元就成功完成了 10 套"传感器测量空气相对压力系数"实验装置。通过验收后，很快投入理工科的物理实验教学之中。

正因为有清华同人和化工系工人师傅的无私支援与帮助，还有我们课题组所有成员不计报酬、一切自己动手的干劲，才有我们用如此少的经费建成的综合性实验项目。

1997 年，"211 工程物理教学与实验中心"子项目，在学校有关部门的支持下立项了。该项目的一期投入就达 92 万元，已超过了我室当时的固定资产总额（70 万元左右）。因此，如何用好这笔经费对我们室的建设与发展极为重要。

在立项之初，我们先做了较为深入的调研，从实地参观、会议交流、专家请教等方面，努力了解国内一流高校物理实验课程建设的现状和发展目标。据此，提出了一个 48 项的初步建设规划。此初步规划又拿回实验室内深入讨论并征求室外专家意见，最终，落实了"核磁共振""全息照相及光学设计实验""制冷和低温技术"等 19 项近代、综合、设计性实验项目。其中有 9 项是多台套实验装置，建成后可面向全体学生开课使用。其余10项是5台套或单台套的实验装置。主要原因：一是经费有限；二是要适应必修、选修、开放等不同的教学模式，有些实验项目没必要建多台套；三是某些项目是各个学校新研制的，技术还不成熟，后期维护情况也需考察，不宜一步到位购买多台套。

最终定案的"211工程物理教学与实验中心"项目的每一个分项目，都落实到每个专责教师。从该项目设备的选型、订货、验收，直至最后编出讲义，专责教师全权负责。

从1997年论证、确定建设方案，到2000年项目全部完成、验收合格，我们实验室全体同志共同奋斗，达到了锻炼队伍、提高课程整体水平的目的。

三、物理学院首次公众科学日

2019年5月18日，对于北京理工大学物理学院来说，是一个非常重要的日子，这一天是物理学院与中科院物理所第一次合办的公众科学日。

当天早上7:30，我随学院其他11名退休教师一同乘车前往良乡校区。这是2015年退休后，我第一次返回良乡校区。车上有的老同志是第一次去良乡，大家都十分期盼这次行程。

车刚到南校区，学院领导便前来迎接，并为每一位老同志安排了一名志愿者，负责全程陪护。我这个"老同志"还不需要帮扶，但有机会和青年学生聊聊天，还是很有意思的。

8:30，北京理工大学物理学院公众科学日，在党委书记姜艳的主持下开幕了！

我们学院的公众科学日也是中科院物理所公众科学日的分会场，所以，中科院物理所的有关领导也在开幕式上致辞。

"创新创业梦工厂""MOKU物理先进教学联合实验室"的揭牌仪式由姚裕贵执行院长和澳大利亚专程赶来的Liquid Instrument公司的代表朱婷婷女士共同完成。这些平台的建立，意味着将来物理学院的学生有更多动手、动脑的机会，眼界会更加宽阔，彰显了物理学院在国际上影响力的提升。

开幕式后，参观了纳米技术实验室，它是归属于物理学院的开放式实验室，同时也为全校和国内其他有需要的部门服务。我们都被物理学院具有如此高水平的实验室所震撼。这反映出我国科技研究条件的进步和研究能力的提升。物理学院也能做国际水平的石墨烯的转角测量，真令人惊叹！

同行的老同志中，有改革开放初期公派出国学习的教师。他们感触更深：当年回国后，因国力有限，无经费支持进一步的科研工作，不得不停下原有的研究课题。现在，千万级的科研设备就在眼前！年轻的后来人正在利用这些装备不断求解科学之谜。

桑榆情怀——我的奋斗足迹

参观之后，我们来到了物理实验中心教学楼前，在"爱国 进步 民主 科学"的背景板前与青年学生们畅谈"物理与人生"。这个题目比较宽泛，最后每位老同志从自己的人生经历中选取不同角度阐述了"物理"或者说"读书"对自己命运的改变，并寄语年轻的后来人要珍惜时光，要有明确的学习目标。

物理学院从 80 年前的天地、窑洞为教室，板凳、膝盖当书桌，发展到今天：学科水平位于国内高校前 7%，物理学是全校第 4 个进入 ESI 全球前 1%的学科！物理人正肩负重任，一步一个脚印地继续着新的征程。

物理学院有着光荣的历史，更承载着所有过来人的希望！

祝"物理学院"八十年诞辰吉祥，为国家培养出更多的栋梁之材！

三代人的毕业证书

物理学院科学日

参观纳米技术实验室

(作者原单位:物理学院)

留 学 丹 麦

● 朱伯申

丹麦是个美丽、平和的国家,安徒生童话的故乡。1984年7月底,我怀着激动、期盼又忐忑不安的心情来到丹麦首都哥本哈根。

我是改革开放后第一批国家派出留学的科技人员,以访问学者身份见到导师后,导师给了我十个课题,让我任选一个。我选了ATR。

接下来的一二个月时间是我此生以来最紧张、最难熬的日子。本来我国整体科技水平就落后于当时的国际水平一二十年,我们毕业后又荒废了近20年。丹麦人日常使用的是丹麦语,我的第一外语是俄语,后来自学了日语,大四时学了英语。1978年改革开放后我校开始培训英语,虽然我很努力,但毕竟是速成英语。要请教丹麦人,要把丹麦语翻译成英语,再查英语辞典弄明白意思,这使我真真切切感到"压力山大",寝食不安。

幸好我们那一批人互相传颂着世界冠军容国团的名言:"人生能有几次搏?现在正是搏的时候了!"我整天闷在实验室,常常晚上十一二点才骑自行车回住处。丹麦三天两头下雨,几次在风雨中半夜骑车回家,全身都湿透了。几次下来,想想还不如待在实验室。后来我就枕几本书躺在实验台上过夜了。逐渐地,我也就习惯住在实验室了。

两个多月,我每天都在实验室查资料,拼命阅读。由于行李重量限制,大一点的英汉科技词典、近现代物理中文教材都不能随身带来。现在,要通过英文辞典来学习、进修一门新学科,非常艰难。开始时,甚至连一些科技词汇都吃不准。

经过两个月的苦战,我终于搞懂了课题的大概内容。我们学到的固体特性,都是指固体内部的。在固体表面几个原子大小的尺度内,由于原子的空间对称性被破坏,所以表面的物理性质发生了很大变化。大家知道,当光从光密物质射向光疏物质,当入射角等于和大于某特定角度时,会出现全反射现象。这时如果在光疏物质侧靠近上述界面放入第三种物质(金属)时,上述的全反射现象就会发生翻天覆地的变化。这种现象就被称为ATR效应。探讨它的原因和机理,要使用表面等离子体理论和技术。我的课题着重通过 ATR 效应来精确测定第三种物质(金属)的光学性质。

物质的光学性质，用介电常数来表征。介质和绝缘体的介电常数可以很容易查得。但中学、大学的所有教科书中，从来没有介绍过金属的介电常数。通过这些天阅读，我才知道，原来金属的介电常数是个复数。当时国际上对金属介电常数测量结果报道数量很少，各种报道的数据差异很大。

搞清了实验目的和内容后，我就有了测量方案。导师给我提供了基本实验仪器和材料，我怀着激动又忐忑不安的心情，一点又一点进行仔细测量、记录，一条曲线我测量了 47 个点，曲线的形状终于清晰出来了。看着两个半月的奋斗结果，我松了一口气，把全部数据和画的曲线交给了导师，以为可以交差。

但导师看了以后，立刻就退回给我："不行！数据点太少，所有数据必须计算机自动记录和处理。" 一盆冰水把我的兴奋彻底浇灭。

又一段难熬的日子开始了。我还像以前一样，整天待在实验室里，和谁都没有来往。有一天，突然看到镜子里的我，到丹麦后，三四个月没有理过发，头发长得像刺猬。下班后，我找到四川大学来的陈老师，请他帮我把头发剪短点。理发工具是大使馆给的，陈老师自告奋勇，从头学起，给大家免费理发。在理发中，我们自然谈起了各自的课题。陈老师来丹麦前，已是副教授，有科研经验，他的课题进展较顺利。我谈起令我寝食难安的问题：最佳测量点如何自动选定，测量噪声抑制等问题。谈着谈着，我突然想到了一种实验方案，一下子激动不已。

回去后，一个晚上，我反复思考和进一步探索这一方案，数着时间，盼望着天快点亮。但当我想到要实现这一方案所需要的各种仪器、设备和材料时，心一下子就又凉了：因为我只清楚我梦想中的功能和作用，根本说不出仪器、设备的名称和型号。还有，更要命的是，如果本实验室没有的话，怎么办？……

一夜就在一会儿激动、一会儿忐忑中匆匆度过了。

第二天，我还在犹豫，反复地想：我的方案是否有问题、有漏洞？经费有问题怎么办？又担心我如何用英语来表达我的想法和方案……

第三天一早，我下决心去找导师。我向导师报告了我这两天的想法和方案。导师立即带我去找系里唯一的技术员库，导师和库用丹麦语交谈了一阵。导师走后，我又和库用英语交谈起来，我重复说了我的目的、方案和要求。他弄懂了我的想法后，就出去了，一趟又一趟地，从各个房间里抱了各种仪器、设备和材料进来。这些东西，大多数我没见过。下午他来帮我把各个仪器、设备连接好，并帮助调节好各种仪器设备的参数，使所有仪器、设备构成系统并处于基本工作状态。最后他又向我介绍了相关仪器的基本使用方法和注意事项。对于他的协助，我实在是太感谢了！我大喜过望！前两天的忧虑和愁苦，因库的协作而一扫而空。库这一天的工作，给我省下了几个月时间啊，我心里充满了感激！

后来我听说，丹麦对技术人员并不是按职称来聘用、定薪的。单位中技术员的任务就是帮助教师和科研人员。每个单位的技术员的名额和薪金早在年度预算中就定下了。谁能完成得好，谁就能留下来。单位中所有通用实验仪器设备都归技术员管理和维修。对技术员考核没有发表论文的要求，也没有学历、外语等各种要求，唯一考核的就是他的能力和表现。这种制度使丹麦技术员对仪器设备非常熟悉，他的工作室塞满了各种资料和手册，就像教授的办公室。平时对别人的要求，总是主动、积极、热情对待。

我反复想，面对课题时，教师和科研人员会着重于新原理、新方法的探索，而技术员更熟悉各种仪器设备，有更多的实际能力和手段，如两者构成一个完美的组合，能极大提高科研的工作效率。这次我就深有体会。如果引入到我国，它能对我国的研发能力提高多少倍啊！

接下来的几天通过阅读说明书、反复操作来熟悉各个仪器设备性能，尽力把整个系统调节到最佳工作状态。看到在实验系统中，用小型计算机来操纵整个实验系统，来自动记录实验数据……我为能跟上时代的步伐而高兴，我也为能控制纳米级的精细移动惊喜。系统中一台名为 Lock–in Amplifier 的仪器使我迷惑很久。从它的功能分析来看，它能在噪声比信号强百万倍的环境下把信号检测出来，于是我认定它就是国内所传说的"锁相放大器"，虽然在名称上对不上号。

一星期后，我终于做好了实验准备。

第一个实验是测量银的介电系数。实验中我测了大约 1 600 个点，开始部分有一个大的跳动，是不小心触碰了仪器之故，后面部分的数据，直接画成曲线，非常光滑。实验前，在一个同去丹麦的中国学者的帮助下，我编了一个数据处理程序。我把一千个实验数据，输入该程序，计算出了银的介电常数。金属的介电常数都是复数，把它代入到 ATR 效应的理论式中，用计算机画出理论曲线，与实验曲线进行比较，几乎完全吻合。看到这一结果，我知道我成功了。不但证明我的实验是成功的，而且同时反证了我所使用的 ATR 公式——后来我重新推导了一遍——是正确的。当时国际上还没有人使用 ATR 效应来做金属介电常数测量的报道。

第二天，我把实验数据和两组曲线一起交给了导师，导师看了后，非常高兴。后来，我又重复做了几次银的测量实验，没有了第一次实验开始阶段的失误，看起来更漂亮了。1987 年，导师和我共同署名发表在美国光学学会学报上的第一篇文章就是以这个实验数据为基础写成的。导师选用的实验数据是最差的第一次实验数据。原因是实验数据太完美了，会有人怀疑是做假。

我非常高兴，从我到达丹麦算起，我用四个多月时间得到了我的课题的第一个成功结果。

我听说同去丹麦学习的中国同事中，有人由访问学者转为博士生。在一个周末我试着向导师询问了这事的可能性。丹麦的博士生培养，实行论文制，不是我们国内的学分加论文制。

大概是看在我来丹麦这几个月的表现上，我的想法得到了导师的热情支持，他帮我办妥了所有手续，这样我就成了丹麦技术科学院的博士研究生，学号是151。

接下来的几个月，我先后测试了金、铜、铅等几种金属的介电常数，因为有了前面的经验，所以各个实验测量结果和由此测量所计算出的参数代入理论公式所绘出的理论曲线吻合都非常好。

但是，前进的路不可能是一帆风顺的。接下来对铝的测量实验，遇到了意想不到的巨大挫折：实验测量曲线和由此计算得到的理论曲线出现了高于10%的误差，这是从来没有的。一次又一次请人镀膜，一次又一次换样品，反复检查，反复实验，两个多月来，实验结果一直没有好转。弄得我茶饭不思，夜里躺在实验台上，迷糊中都在想，是不是某条光路没调整好，或者可能是某一接线有问题……想到就立即爬起身来重调、重接，一次又一次，我都神经质了，但实验仍没有一点进展。

这期间，我的房东给我的导师打电话，说我好些天没有回住处，是否出什么事了。导师过来问我，我差点掉泪。我知道这是房东老太太在关心我。房东老太太，人非常和善。我每次回"家"，她都过来和我聊天，告诉我丹麦的各种风俗习惯。她长年帮我洗衣服，我做中国饭菜时，也常请她尝一尝，我还帮她干一些屋子里、前后花园里的活。她知道我晚上回去迟，怕我摔跤，一整夜又一整夜为我开着花园内的地灯。

转入博士生后，我的导师增加到四个人了，两个是本校教师，两个是我第二学年做毕业设计的B&K公司的科技专家。他们一个多月聚会一次，听我最近的研究进展报告，并作评价和指导。这一次铝实验的挫折，使我垂头丧气。困难中，我内心非常希望四位导师能给我一点具体指导和帮助。会议从一开始就陷入了沉闷，好一会儿，我的负责导师站起来，缓缓地、一字一句地对我说："几个月来你在ATR这一课题上，花了很大精力，已经走在我们前面了，放眼世界，也没有几个人可以帮助你。以后你继续走下去，要习惯于世界上没有人可以指导你，你必须要自己想办法来解决困难。"

这句话如一声惊雷，使我猛然清醒过来，更使我极大地增强了自信心。我非常感谢导师的教导，我把这句话牢记了一辈子。

会后，我反复思考：是否铝有特殊性？我记起所有的铝材料一出现后，它的表面都会瞬间被氧化，产生一层三氧化二铝的薄膜覆盖在铝材的最外面。这一表面氧化层一旦被刮除，或者被腐蚀掉，新的氧化层就会立即产生。而其他金属表面氧化的速度就慢得多。现在我们实验的ATR效应是按光密物质—光疏物质—金属这种三层模型建立的。考虑到铝的氧化层不可去除性，所以我认为现在对铝实验就必须改成四层模型，即光密物质—光疏物质—氧化层—金属，同时必须改变它的计算公式。我把这一想法向导师提出，导师鼓励我继续探索下去。在接下来的一个多月时间内，我摸索着推导出了四层模型下的ATR公式，并由此计算出在氧化铝层厚度分别为50 nm、100 nm、150 nm、200 nm、250 nm时，对铝的介电常数测量结果的不同影响。

我后来把这部分理论推导，收集在我博士论文的第九个附录中。我和导师合写、发表在美国光学学会学报的第二篇文章，就是据此写成的，得到了该刊编辑的好评："推翻了此前国际上一百多篇文章中对铝的测量结果，因为以前文章的作者，都没有考虑到氧化层对测量的影响。"

当时我仍然为铝测量实验的失败而郁郁寡欢，觉得打了败仗，抬不起头。那是一个周末，我的另一位导师请我去他家吃饭，想让我散散心。饭后聊天时，不自觉地又谈起我的实验。他安慰我说："不是你不努力，可能是仪器没有努力，没有跟上。"导师的话，使我突然一激灵：我一直非常信赖的光电探测器是不是会发生性能改变？我匆匆告别了导师一家，赶回到实验室。虽然已是半夜十二点多，但我十分兴奋。立刻从别的房间中找了几个仪器，搭了一个简单检测系统，对以前一直使用的光电探测器进行仔细校验，终于发现了它在高光强端出现了饱和现象。这时已是凌晨三点。问题似乎找到了，我很兴奋，很想接下来马上把以前的铝测量再做一遍。但我拼命压制自己的激动情绪，强迫自己休息一下，以保证用充沛的精力迎接下面连续四个多小时的实验。

当天是星期天，实验室没有人，非常安静。下午两点我用校正好的光电测量器，开始又一轮铝测量实验。我全神贯注于测量系统的各个仪器，一眼不敢离开。六七点钟做完整个测试。然后把实验数据输入到计算中心。在等待计算结果的时候，匆匆吃了点面包。一个多小时后，计算结果出后。当看到最后的零点零零几的拟合误差结果时，我的心放下来了，等待了多么久的结果啊！为了使人看得更直观，我把这些实验数据用绘图仪打印出来，又把计算出来的数据代入 ATR 公式中，按同样比例绘成一条理论曲线。两条曲线重叠后，吻合得非常好！我又打印了一份副本，附上了简短的说明，放在导师的办公桌上。简单整理一下实验室后，就骑着自行车回我的住处了。这时已是晚上十点多。正好这天晚上没有下雨，正所谓"天气和我的心情一样好"！我终于突破了几个月来的魔咒，获得了最后胜利！

我的第二学年是在 B&K 公司做 ATR 加速度计设计：要把上述实验系统一大套仪器装置压缩成直径一个厘米的探头。当时首先遇到的问题是画图纸。我是理论物理专业的，从来没有学过制图。当地学校图书馆倒是有制图教科书，但是丹麦文的。冷静下来后，我想，制图不过是一种表达思想的语言，我自学就会。拿定主意后，我就借故跑到车间里，偷偷地看别人画的图纸。B&K 公司是国际上测量振动方面的著名公司，有很严格的保密制度。我担心，看多了会引起怀疑。于是我就看懂一点，先画一张简单的，送到车间去试试。第二天产品加工出来了，胆子就大了一点。就这样，一步一步地走，直至最后我在一个星期内，出了 42 张图纸。公司的机加工车间主任打电话给我导师，说整个车间现在都在为我一个人干活了。幸好，我的设计图纸没有出现过错误，大公司的车间，加工的精度的确很好，几十个部件都按照我的设想，顺利装配起来了。

但在核心器件 ATR 组件的装配出了问题。作为原来的实验系统，金属膜片和光密物质是分离的，实验时可以单独调整它和界面的距离和平行度。但现在作为加速度计探头，两者必须固定在一起。固定后，要保持两者的平行度。原来想得很简单，调整好后，用胶一固定，就能 OK 了。一开始，我就用类似国内 502 的快干胶。调节好平行后，就上胶。谁知一上胶就歪了。拆了再来，一次又一次，就是不行。作为改进，先把膜片和界面分别牢牢加固，再上胶，但照样歪。再改进，把快干胶换成慢干胶，把国际上最著名的胶专业公司的专家找来，向他咨询，请他推荐各种各样的胶。固胶时间，从两个小时、三个小时……一直到二十多个小时，逐一试验，一刻不离地监视着整个过程的平行度的变化。一个整夜，两个整夜，一个星期，两个星期，仍攻不下来，又是急，又是累。冷静下来，分析原因，在毫米量级下是很平整的平面，在微米量级来观察，就变得非常高低不平了。同样道理，现在固化操作，要求在纳米量级下保持平行稳定，当然难度非常大。

眼看着我的论文答辩的时间一天天迫近，这一难关仍未突破，真有点山穷水尽的感觉。有一天，我的负责导师对我说："既然是斜面，能否在斜面上找到一个距离合适的工作点。"我听了后，就反复地试，反复地找，后来还真是给我找到了。真是感谢导师，把我从困局中救了出来。

《ATR 加速度计设计》一文，后来以我和导师的名义，发表在美国光学学会的应用光学期刊上。

两年的留学生活结束了，我顺利地通过了博士论文答辩。面对全系丹麦教师送给我的鲜花和祝贺，我热泪盈眶。感谢祖国，感谢改革开放，给了我留学机会。感谢丹麦的导师，给我的悉心指导和大力帮助。感谢党和国家，给了我顽强拼搏的教导和鼓励。我的经历，也使我相信：我们中国人，只要有条件，是可以在短时间内进入世界科技的最前沿的。

（作者原单位：物理学院）

回忆在火药教研室初创时的工作

● 傅若农

1953年后半年，我大学毕业，被分配到北京工业学院化工系工作。到现在过去了67年，我已经是鲐背之年了，感谢上天恩赐让我能活到这个年龄，赶上北理工庆祝建校80周年。回顾进入北理工的60多年，往事如梦，颇有沧桑之感。特别是在1954年我被调入火药教研室，参与教研室的创建工作经历，常常萦绕在脑子里挥之不去。

本来我刚入校时被分配到化学教研室的分析化学小组，在分析化学小组只待了一个学期，就又被调到新建的火药教研室。记得当时的政治协理员孙志管同志找我谈话，要把我从分析化学小组调到火药教研室。组长陈赞文，来自东北兵工专门学校，是位老兵工专家。有从有机教研组调来的刚刚从美国回来的程光玲，再有就是我们刚刚毕业不久的四个年轻助教。我们每人负责筹建一个教学项目。我的任务是筹建一个火药分析化学实验室，开出一门火药分析化学实验课。这对我这个刚刚参加工作的菜鸟来说，是一件艰巨的任务，但组织上交给的任务是必须要克服一切困难去完成的，就这样我踏上了一生为之奋斗的征途。

1954年年初，来了一位苏联专家（一位刚刚拿到副博士学位的副教授）。按苏联专家的要求，开始准备"火药分析实验"课程的工作。当时苏联专家只给了我一张要开出的实验清单，上面列了近30项实验名称。首先要把这个单子的俄文翻译出来，弄清楚每一个项目的确切含义，然后就是要学习火药方面的知识。有些不大理解的地方，通过翻译去请教那位苏联专家。我问他是否有些文献资料，让我拓宽这一方面的知识。当时他给了我一本1941年苏联出版的俄文书《火药试验方法》，是从德文翻译成俄文的。我把书拍成照片（每张只有A4纸的一半大），以后我就把这本书当成我的主要参考资料，一页一页地啃。这本书还真不错，包含了所有苏联专家开出项目的内容。

1954年暑假，为了尽快能开出这门课，领导派我到沈阳一个研究所学习。当时这个所正好在消化苏联的火药分析的标准方法（ГОСТ）。这是我工作后第一次出差，背着行李卷坐了一夜火车，次日清晨到了沈阳，找到研究所的分析室主任朱明勤老师，他给我安排了学习计划和日程。在研究所我学习了一个多月，一个项目一个项目地做实验，有的实验要做几次才能过关。在一个多月的学习中，我对实验方法每一步操作的原理及可能出现的问题都进行一些探究，这为以后的编写教材和辅导学生打下了很好的基础。

回到北京就准备实验。一些专用设备和仪器事先已经通过学校向专门生产这些设备的厂家订购了，1954年下半年陆续到货，开始安装调试。有些小设备是专用的，要找一些作坊加工，比如做硝酸甘油安定度的试纸模板，是一块 $6cm \times 4cm$ 的玻璃片，上面要刻蚀一个约 $2cm \times 1cm$ 的槽，上面还要打一个孔。同时我要加紧把实验讲义写出来，送印刷厂印刷。实验还要一个一个地预先考察。紧张地忙活了半年，总算可以开出实验课了。1955年，开出了"火药实验方法"实验课，一直持续到1960年。

1960年，我被调入火药研究室工作，除配合工艺研究做些常规分析的任务之外，还进行火药分析方法的研究。如利用当时兴起的络合滴定方法开发了推进剂中几种无机物的分析，后来被国家标准所采用。20世纪80年代后，我进入应用化学博士点团队。1988年，我又重新回到阔别多年的分析化学教研室，之后的10多年里，进行了多项自然科学基金和兵器部的研究项目，培养了多名硕士和博士研究生。

（作者原单位：化学与化工学院）

与北理工同行

● 鲍重光

北京理工大学迎来了80周年华诞。作为与学校同一时代成长的一名普通教师，每当漫步在校园中那一幢幢熟悉得不能再熟悉的建筑物之间时，都会回忆起与学校半个多世纪同行的心路历程，不禁心潮澎湃，历历往事涌上心头。

21岁时，作为见习助教，我加入北京工业学院的教师队伍。工作40余年后退休，又在研究生院工作10年，于2019年暑假第三次从本科教学督导组"退休"。尽管未曾经历过战争烽火的考验以及新中国初期辉煌岁月的大风大浪，但是在这几十年当中，我有幸从人才培养、学科发展、科学研究以及教育管理等多个维度目睹了学校不断发展壮大的历程。

初为人师，就感受到北京工业学院浓浓的延安精神的熏陶，团结、紧张、严肃、活泼的校风的抚育，以及不畏艰险、对工作精益求精的要求。当时的高等教育在某种程度上还保留着苏联的一些影响，如实行大班教学、小班辅导的方式。作为新兵，我们必须经过三年的辅导训练方可登上讲台。在老教师们的言传身教下，我们也在基础部物理组的大家庭中逐步成长起来。

随着国家政治形势的推进，教育战线也迎来一系列的变革，相继出现了多种类型的教改方式。被视为"霸王课"的大学物理曾一度跌落神坛，地位一落千丈。在某些专业中已陷入了被"兼并"的地位。如物理中的力学与理论力学及机械设计中的有关部分合成了机械力学，电学部分与电工合并，而其他部分则被"凌迟"处理了。应当说，在一段时期，在一定范围内，在以产品和型号为主的思想指导下，"基础课无用论"的思潮多多少少弥散在校园的部分空间中。

事物的发展总是有涨落和起伏的，通过波折可以总结经验，形成新的发展动力。通过教育思想的大辩论和大学习，逐步明确和形成了寻求自身发展的途径。可以将其归纳精练为"双拳出击的组合拳"与"三位一体的全新架构"。这就是说，不能成为大浪中的一叶扁舟，随波逐流。"军工魂"绝不能丢，但面对国际形势的瞬息万变和科学技术的飞跃发展，军工的格局和内涵应当加以充实和发展。面对现代战争的态势，以量子信息、高新材料、先进加工技术、脉冲的产生及防护等众多建立在基础研究上的学问，为面对复杂多变的世界提供了转型和应变的工具和手段。一块小

小的硅基片上发生的物理过程,已在人类文明、信息化社会的发展史上引起了翻江倒海的巨变。而整个基础领域的突进,更将为世界和平、进步带来日新月异的发展。为此,我们必须认清自身的特点和优势,倾力打造起本学科的主力战舰,朝着既定的目标前进。乘着应用物理系的成立、学校更名为北京理工大学的东风,我们这个美好的愿景有了得以实现的一丝曙光。然而,在前进的道路上,不可避免地要经历许多的艰辛和困难。一方面,在由注重产品、型号为主的发展思维转化为以学科建设为主体的过程中,我们本身就有些先天不足之处。无论是在人们的思想意识之中,还是实际运作之中,阻力和困难的存在是不可避免的。我们虽然为实现目标初步组建了一支人才队伍,但巧妇难为无米之炊,我们的演示实验室有不少设备是由教师手工制作,我们的大学物理实验室还有中法大学时代的"遗老遗少"。所谓的近代物理实验室更是弱不禁风、不堪一击,当要将它们迁入中心教学楼时,有不少人曾担心它们散了架而不能复原。理论物理教研室十多位老师守着一间十余平方米的小屋和一台破旧的 386 计算机。为了开创条件,我们的教师只能先与其他院系的老师合作带博士生;其他兄弟院系也给予我们无私的支援和帮助。学校的支援和兄弟学院的鼓励,大大激发了本系教授前进的动力,大家齐心协力,不断增强自身的造血功能,成功地建成了凝聚态物理和理论物理的博士学位点。通过世行贷款项目,在实验室全体人员的共同努力下,大学物理实验室更新改造,旧貌换新颜,登上了继续前进的第一级台阶,在一段时间内,还成为学校的一张名片。

根据历史的经验,从另一个角度来反思,我们也深感到若仍然束缚在传统的一套物理框架之中,将会严重地限制我们改革创新的思维。必须发扬延安精神,开阔眼界,闯出自身特有的一条发展道路,才能有所作为。

我们以静电作为突破口,派出小分队赴国内有关生产单位及院所进行调研。在为课堂讲授内容增添鲜活材料的同时,又与校内兄弟学院协同,开展了防止人体静电在电雷管生产过程中产生事故的实验研究。以此为发端,连续多年对黑火药、硝铵炸药、TNT、黑索金等不同类型的火炸药在压片、球磨、气力输送、布袋除尘以及沸腾床烘干等工艺过程中静电的产生、危害以及防治过程中进行了现场的测试研究。许多老师不畏艰险、不怕脏、不怕苦、不怕累,长时间带着沉重的仪器设备,奔波在崇山峻岭的厂房之间。对于不是火工品、含能材料出身的人而言,不少测试过程的确是在很大程度上冒着生命危险进行的。然而,整支队伍没有一个人因畏惧而退缩不前。静电安全的考察研究领域不断扩大。我们在唐山机场与北京空军联合进行了歼-6飞机玻璃钢脊背天线防静电性能的实验研究,为防止歼击机飞行员座舱盖天线因与高空冰晶摩擦起电而干扰飞行员与地面通信联络造成事故做出了贡献。我们参加了静止轨道气象卫星发射事故的分析并进行了相关的实验,提出应注意加注燃料过程中防止静电的重要性。这一观点成为中国航天日后的宝贵财富。随着电子工业的发展,计算机、电子器件等出现的静电危害也进入到我们的视野当中。从基础研究的角度出发，我们还考察了界面动电现象、电化学、脉冲放电引起的化学反应以及电流体力学，等等，并在与国内外专家同行交流的基础上，将研究的范围进一步拓展到电除尘、电摄影、电黏尘效应以及静电的生物效应等应用领域。在深入纷繁而复杂的科技世界的同时，也不断地通过教学、开办讲座、指导研究生等活动加深和扩大自身的物理知识。在中国物理学会领导下，建立了静电专业委员会，组织了大型的国际会议和国内的多次年会。到20世纪末，我校的静电研究已居于国内院校、研究所的前列。

大学物理课程内容的充实和改革，一直是我们关注的重点。大国工匠精心制造国之重器的每一个部件，教书的匠人要仔细雕琢每一个人才的陶坯。我们不能死抱着两本大学物理的教材，几十年如一日，庸庸碌碌、墨守成规地训练出一批毫无创新精神的书生。只有不断改革才是唯一的出路。要改革，就必须从教师自身开始，老老实实地下沉到学生之中，了解他们的现状和需求。而为了达到预定的目标，教师必须要解放思想、扩大知识面，绝不能因循守旧。1980年，我曾带领几位第一批恢复高考录取的新生赴国外留学。作为一个基础课教师，我十分关心这批"孩子"与国外同龄人间的竞争，因为这将会影响到两国今后在教育、科研水平上的较量。因此我经常向他们了解国外基础课教学的状况。1990年，我又亲自出国担任了一年基础课和实验课的教学，取得了一些第一手的经验。由此大大增强了信心，我们的教学水平以及学生的质量并不逊于他人。但是到了研究生阶段，我们的学生表现出的创造力不如他们强劲。对比之下，反映出我们的一些教学思想及行为还有值得探索和改进的地方：必须建立起以学生为中心的理念，加强学生自主学习、自主创新的能力；课程内容的知识面要扩大，要让学生更早地接触到科研及科学实践，在基础知识与现代科技之间建起"隧道效应"。我在科研中接触到国外的一些工科方面的专家，当在工作中遇到难题时，能自觉地回头从理科的仓库中挖掘出攻坚克难的利器。我想这就是他们基础教学成功的一个方面。为此，我们在实验班的教学中，采用了随机测评基础知识及反应能力的课堂练习，每周一次进行内容比较宽泛的科学讲座以及由学生自选内容、自查文献资料撰写小论文并纳入成绩综合考评等方式，取得了较好的效果。学生们的小论文印刷汇集成册后，曾得到教育部本科教学评估专家组的好评。

"双拳出击的组合拳"再加上大学物理的改革，形成了物理学院成为独立学院之前"三位一体"的基本架构。也反映出几代"物理人"奋斗的足迹。尽管这支队伍中有二三十人已离我们而去，但他们的功绩会永远刻在校史的丰碑之上。

赋闲在家，不时看看有关学校的一些报道。当年人称的"北工"，已不知不觉变成了"北理"。一字之差，反映了什么？我也想不清楚。我想起了在制作陶瓷放电电极时，要在上千度高温下将陶瓷与金属烧结为一个整体；由于二者膨胀系数的不同，在边界部分上因势垒而产生的应力分布会大大影响二者的黏合程度。由此而联想到，我们的"理"已非传统意义上的"理",而是有北理工特色的、融合了大维度军工魂的"理"。

前两年,学校曾将物理学院申请一级学科博士点的材料让我审阅一下。学科研究方向、人才队伍、经费设备的大幅度进展令人惊叹,与当年的情况真是不可同日而语。"强基计划"的招生,为今后更进一步的发展添新彩。作为一名教育战线的老兵,心中感到由衷高兴。希望学院能够进一步补上短板,继续前进,为建成"双一流"大学做出自己的贡献。

(作者原单位:物理学院)

东操场之恋

● 崔维继

初学乍练（初恋）

六十年代伊始，来到北工校园。闲来结伴走走，有时操场转转。
操场当时简陋，几条便道斜穿。场地坑洼不平，炉渣黄土铺垫。
毕竟有此设施，坚持跑步向前。逐渐喜欢应用，健身项目渐全。
慢跑立定跳远，竞赛滚过铁环。几次高校运会，操场逐渐改观。
天天不离跑道，结下不解之缘。从此不再孤单，总有操场相伴。

真枪实干（热恋）

经过多年锻炼，活动效果显现。越跑身体越健，越跑长度越远。
起初上百上千，逐渐几千上万。每年参加竞赛，逐项进行测验。
操场打下基础，敢到外面实战。多次跑完环城，马拉松也跑完。
清晨与你相会，欢快愉悦一天。工作精力充沛，勤学刻苦钻研。
哪天不与你见，如同魂飞少胆。世间竟有此景，是否可算热恋？

难说再见（忘年恋）

随着时间变迁，你在改变容颜。现代草坪铺上，塑胶跑道新鲜。
中央首长莅临，校庆极其圆满。足协联赛登场，奥运亦做贡献。
笔者年过古稀，行动渐渐徐缓。你会逐渐年轻，我则渐老不堪。
只要还能走动，定要把你陪伴。即使行动不便，也要望你一眼。
不是消极悲观，更非多情善感。是你慈悲宽容，永存我的心间。

结尾之言(祝福明天)

校龄已逾八旬,堪称红色摇篮。国防尖端人才,接连输出不断。
延安根正苗红,军工魂绕梦牵。红色基因坚持,时代新人接班。
开学典礼隆重,发出铿锵誓言。加强爱国情怀,确保全面发展。
都是追梦之人,积极奋勇争先。将来更加期待,世界一流校园。
诚为学子服务,袒露慈善心端。虔诚深沉祈祷,为你祝福明天!

(**作者原单位:机电学院**)

苦中寻乐

● 邓仁亮

1963 年，我在红外导引专业研究驾束制导技术时，马士修教授就建议我们采用激光技术，可惜无果。20 世纪 70 年代开始断断续续激光制导的研究工作，到 80 年代初才确定比较明确的方向：反坦克导弹的激光半主动制导。可惜后来课题半路下马了，好在取得的成果用到了引进项目中。

记得 1980—1984 年，我在承担学校"1245"课题的激光目标指示器研究中，遇到所需固体激光器的技术指标如何达到的难题。作为人携作战装备，要求在脉冲宽度、重复频率一定的条件下，激光器的输出光束能量大、束散小（最好是单横模）、机械稳定性高、效率高、体积小、重量轻，而且特别要适应当时质量不理想的激光工作物质。事情要从零做起，困难重重。

好在改革开放初期，人们激发出极大的工作热情，从文字情报到专利文献，从有关工厂、研究所到兄弟院校，能够了解到你想知道的情况。

我们有机会邀请有关单位专家参加我们的成果鉴定会，或被邀请参加有关外单位的成果鉴定会，以及参加国内外学术交流会，从中能够衡量出我们自己的水平，也有助于确定我们自己的目标。

我们花了一两年的时间摸清了国内外激光目标指示器及其激光器的状况，有选择性地做了大量的实验研究，这其中包括方案论证、工程设计、出图、编制工艺、加工制作等，可真是夜以继日，非常辛苦。

但是结果不理想。还必须有所发明、有所创造，找出我们自己的方案，走我们国家自己的路。经过几年艰辛的努力，提取部分工作成果申请到 7 项国家授权专利和 2 项国家发明奖。

形 势 所 迫

20 世纪 70 年代，刚刚从红外导引专业转入激光专业的我们在 431 教研室主任张国威的领导下便围绕"调 Q 固体激光器"全面展开了紧张的工作。教研室的规模扩大到四五十人，在完成教学任务的同时，开展的科研项目有生产制作 YAG 激光棒、炮兵激光测距机、激光半主动导引头、激光目标指示器等。

虽然我们投入了大量的精力，但是学校在生产制作方面总是比不了研究所和工厂。例如氙灯、滤紫外光玻璃管、YAG、KDP 晶体等都有不错的研究单位。所以几经调整，停止了 YAG、测距机项目，集中力量进行专项研究。

攻坚克难

Q 开关：部分研究 YAG 激光工作物质的人员转入激光器被动 Q 开关 BDN 染料片的研究。1978 年，我带着激光测距机的成果去成都参加全国激光学术会议，从那里带回激光器被动 Q 开关 BDN 染料片的情报资料，提请学校科技处范琼英安排立项，并交给普化教研室郭炳南研制成功液体染料。停顿几年后，在朱鹤孙为组长的科研组，由李家泽攻克制片技术。1985 年与开展同一项目的 209 研究所共获国家科技进步二等奖。这项成果成功用于手持激光测距机。但不适合在激光目标指示器里应用，因为它有较高重复频率的要求，只能用电光 Q 开关。

激光电源：为了尽快开展实验研究，我和张自襄远赴温州，从校外购买了一台重频激光电源，很贵，很庞大，根本不可能到野外使用。所以由张自襄、冯龙龄研制成功便携重频激光电源，为氙灯和电光 Q 开关供电与控制。

光具座：传统的光具座不适用激光器参数的调整，在参考国内外有关产品的基础上，我们设计、制造了三维调整平台和六自由度光具座，使激光器的实验研究得以顺利进行。真可谓磨刀不误砍柴工。这些东西也为教学实验提供了方便。

冷却技术：因为固体激光器的效率非常低，运转时产生的热量必须及时散掉，我们采用水冷方式，在实验室装备了生产纯水的机器。还有两项授权专利："一种液体冷却的固体激光器激光头"（专利号 85200327 邓仁亮），"冷却液热泵自循环激光泵浦腔"（专利号 89200749 冯龙龄、邓仁亮）。本人有幸在人民大会堂国家首次颁发专利证书的隆重仪式上，从国家领导人手中接过专利证书。

泵浦腔：最典型的泵浦腔是断面为椭圆的内反射柱面，将置于一焦线之闪光灯氙灯的能量聚焦到位于另一焦线之滤紫外玻璃管内的 YAG 晶体棒上。我们为制作这种反射面，花费了太多的精力：在常德的 5618 厂、学校的实习工厂 4 车间、有关电镀实验室，采用铜、玻璃做基体镀金、镀银，然后抛光、镀保护膜，反复试验，然而不是效果不好，就是使用寿命短。1984 年，我参加某课题去合肥调研，参观安徽光机所，该所张坤接待我，看到他们用聚四氟乙烯作为光学反射率传递材料，我认为很合乎我的需要。当时就按我的要求定制了 2 个样品。回来实验果然效果不错。申请到一份课题基金，经过一系列诸如采购原料、设计制作模具等烦琐工作，制作出改进产品，获得满意结果。这项成果获得 1991 年授权发明专利（专利号 89106792 邓仁亮、张坤）和 1992 年国家发明三等奖（邓仁亮、张坤、朱宝亮、李绍英、丁仁强)。至今产品仍在为社会造福。

激光参数计量：在调 Q 固体激光器的实验中，需要测量输出激光脉冲的能量、脉冲宽度、脉冲波形、模式等参数，需要一系列精密高端仪器。例如在没有可用的示波器之前，我们从电子部 11 所高价购买一台储波器，虽然利用率很低、操作也很不方便，却还是不能少的。又如测量激光脉冲能量，通常采用碳斗作为接受元件，常常被激光打坏，需要定期标定，很麻烦。我们用魏光辉提供的积分球制作了一个避免这些问题的能量计，很是好用。此成果获得授权专利（邓仁亮、阎平）。

谐振腔：前述激光原理的平行平面谐振腔，根本满足不了激光目标指示器对激光器的要求。当时最先进、最好的谐振腔有两种：一种是球面非稳腔，一种是交叉保罗棱镜腔。我们对两种腔的研究花了很长时间，鉴于当时能获得的 YAG 激光棒光学质量不够理想，所以没有定论。后来，我们把保罗棱镜的通光面改为球面，构成了交叉球面棱镜腔系统。我们重点研究了交叉棱镜望远镜谐振腔。它既有球面非稳腔和交叉保罗棱镜腔的优点，又克服了它们各自的缺点，被誉为在该领域内最好的激光谐振腔。我们为此研制的激光器，获得了满意的结果。在 1982 年广州国际激光学术会议和 1983 年《光学学报》、美国《中国物理》发表论文。"交叉棱镜望远镜激光谐振腔"于 1984 年获得国家发明三等奖（邓仁亮、徐荣甫、穆恭谦、张自襄、朱宝亮）。"单泵浦交叉棱镜腔激光振荡放大器"（邓仁亮）获得授权发明专利。

导引头：在我们的教学、科研活动中，与导引头有深远的渊源。在这里只提一下两项授权国防专利："一种××光学寻的器（邓仁亮、孟庆元）"和"寻的器××装置（孟庆元、邓仁亮）"。

此外，我们还获得过一些国家科技进步奖，在论文、教学、教材等方面也有所贡献。

些许体会

在十多年的时间内只将工作当乐趣，做了这些事情，是因为蹉跎岁月已过去，几经沉浮尚自强；也有在退休前做成点儿什么的想法所驱使。尽管是苦中寻乐，还是有些许体会：

第一，目标很重要。20 世纪五六十年代我国在武器装备方面远远落后于美国和苏联，被人欺负。我们都希望承担的项目快马加鞭，能增强国力。那个年代，我们课题组利用所有可利用的时间，埋头干活，以便尽早达成目标。

第二，情报很重要。当时，虽然没有现在方便，但是我们比国外落后多少、落后在哪里、国内情况怎么样，还是知道的。这得益于当年可以去有关情报研究所、国家专利局查询，得益于有机会参加有关学术交流会。情报很重要，所以我们从这些地方收集回来的纸质资料非常多，厚可等身。

第三，质疑很重要。别人已经装备的产品，我们直接研制，是不行的，所以质疑很重要。我们能不能做得更好？我们将了解到的产品进行充分的分析，学习优点，避免缺点。不能似是而非、模棱两可，而要制定出我们真正超越前人的方案。

第四，实践很重要。在那个年代提出超越前人，很可能招来"想得美"的讥讽。不过我们有底气，当然要"想得美"。但是不要心浮气躁、追名逐利，而是要踏踏实实、心甘情愿干活。我们知道实践很重要，通过几乎着迷的实践，使我们的发明得以实现。

（作者原单位：光电学院）

执教杏坛　倾心科研

● 林鸿溢

我从南京大学物理学系毕业后,进入我国科学技术研究最高殿堂中国科学院,从事科学研究工作。1978年为了照顾我住在中关村的方便,转入北京工业学院电子工程系(后更名北京理工大学信息与电子学院)任职。我一直倾心努力工作,奋斗前行,潜心承担高校教育和国防预研项目,相继获得相应的预期成果。

追溯我在北理工几十年教学和科研经历的点点滴滴,深深感悟"北理工精神"是我砥砺前行的动力。

追溯往昔　砥砺前行

电子工程系的系主任张德齐教授和教研室主任李卫教授安排我为微电子专业开设"固体物理学"课程,这是电子工程系第一次开设这门课程。此后我先后开设10门课程,涵盖大学生必修课、研究生课程、博士后课程、全校大学生选修课程、硕士生和博士生选修课等。除承担教学之外,我又承担多项国防预研任务和国家前沿科技研究课题。虽然教学和科研任务挺重,但我铭记"有志者,事竟成;苦心人,天不负",潜心努力完成所承担的任务。

数十年教学与科研历程,先后担任教授、博士后导师、纳米技术学科带头人、纳米技术研究所所长、国防科工委专家组成员、全国纳米技术与应用学术会议程序委员会主席、全国电子测量与仪器会议组织委员会主席、全国纳米测量技术会议组织委员会主席、国际纳米科技西安研讨会程序委员会主席、北京大学与上海交通大学联合国家重点实验室学术委员、清华大学纳米技术研究中心学术委员、北京科技研究院特聘纳米技术首席专家、全国性科技刊物《纳米科技》杂志主编等职,为高校教育和我国科学技术发展倾心做奉献。

我有着饱满的教学任务,同时也从事国家前沿科技研究和主持国防科技预研项目,专注于国防高新技术和国家前沿科学课题的深入研究。众多科研成果在航天、火箭、导弹、导航、兵器和众多产业中得到应用,获得部科技进步奖、大学科技特等奖项和国家发明专利等20多个荣誉证书。

大学教学与科学研究相结合，同时与创作相结合，我先后撰写 18 部著作，已经出版发行 13 部，其中 2 部在台湾地区出版发行；在国际和国内学术刊物上发表 200 多篇学术论文，数十篇普及性科技文章，拥有众多热心的读者。

为了推广纳米技术在传统产业中的应用，我应邀多次到多个省市，运用纳米技术为企业开发新产品，着重于提升产品的科技含量，提高企业的经济效益。纳米技术，惠及大众，提高效率；惠及企业，提高利润；惠及国家，创造财富。应邀在多个商会会议上发表"科技创新与企业转型升级"的演讲，提倡"企业家与科学家握手""纳米技术与企业资本有机结合"，推进纳米技术产业化，赢得各方欢迎。

中央电视台、多个地方电视台和《人民日报》《环球时报》《科技日报》《光明日报》《中国教育报》《高新技术导报》等媒体，对我做了访谈报道。

《中华创业功臣大典》《世界名人录》《当代中国科学家与发明家大辞典》《中国当代著作家大辞典》《京华璀璨》《京津冀主题资源数据库》《林姓名人：现代名人录》等 20 多部辞书收录了本人相关事迹。

国家统计局主管的中国统计出版社发行的《中华创业功臣大典》编委会给我热情致函称："感谢您为新中国革命和建设事业做出的贡献！您的事迹已编入大型史册《中华创业功臣大典》。这是首次为新中国建设事业及改革开放以来做出突出贡献的中华儿女以共和国功臣载入史册，可激励后人、鼓舞今人，是人生辉煌的见证，也是心血和汗水的结晶。"我衷心感谢国家组织机构的真诚鼓励，强有力地激励我更加努力工作。

我的书著、论文收编入《20 世纪中国学术大典》《青年文摘》《新华文摘》《精英图书馆书目》《中华文本库》等。

我应邀上天安门观礼台观礼、出席人民大会堂宴会、出席人民大会堂"创新与发展论坛"等。点滴成就，得到社会重视、赞誉和褒奖，更加激励我潜心做事，诚实为人，倾心为中华民族伟大复兴的中国梦奋斗。

为迎接即将到来的第六次科技革命（第四次工业革命），我正以第六次科技革命的主题——物质科学技术和生命科学技术及其交叉领域开辟新的发展空间撰写一套 5 本《科技创新创业》丛书，纵论、预测新时代的发展方向和内涵，尽力为新时代做奉献。

信息科技　专注教学

我转入北京理工大学信息学院任教后，认真教学是我的职责。我主讲的第一门课程是"固体物理学"。开这门课有点来由。我在南京大学读书时，教我们"固体物理学"的老师是科学院院士程开甲教授。他在开课期间撰写出版我国第一部《固体物理学》著作。他在课程结束后，奉命前往新疆马兰军事基地出任副司令、核武器研究所所长,从事艰巨的"两弹一星"研发任务。他是我国经历艰难险阻研究成功"两弹一星"的功勋科学家。作为程老师的学生,我诚心诚意想传承程老师的学术思想和认真的教学态度,为培养年轻大学生尽一份努力。

我接受主讲"固体物理学"后,立即调研查阅文献。此时除了程老师的《固体物理学》外,还有黄昆教授的《固体物理》,还有引进的国外的相关著作。我抓紧时间,夜以继日编写《固体物理学》讲义;学校出版社优先印刷出版,赶在开课前学生人手一册讲义,就这样我为北理工电子工程系第一次开设物理学的重要课程"固体物理学"。

从此以后,我先后主讲10门课程。其中"固体物理学""半导体物理学""微电子实验"是本科学生的必修课程;"半导体理论""微分析技术""非晶态半导体""纳米科学技术"是硕士生和博士后的课程;"分形论——奇异性探索""信息技术""高技术前沿"是全校学生的选修课程,自由报名选修。其中后6门课程是北京理工大学首次开设的新课程;而其中"纳米科学技术"和"高技术前沿"两门课程,是全国首次开设的创新课程。"高技术前沿"是由两院院士王越校长倡导,并邀请全校四个系的四位教授合作开设的全校性选修课程,各系同学们踊跃自由选修。

在上述两门选修课程的基础上,我进行了再调研,编著出版发行了两部书:《新的推动力——纳米技术新进展》和《高技术前沿》,得到读者的广泛欢迎。

前沿科技　国防预研

虽然我的教学任务挺重,有时一学期主讲4门课程,每星期4天有课。但是我没有忘记做科学研究工作,先后主持多个科技前沿项目和国防预研项目:国家自然科学基金委员会的非晶态半导体的制备和特性研究、纳米传感器研究,国家"863计划"的超硬金刚石薄膜制备与应用研究,中国工程物理研究院的应用于火箭与导弹的新材料特性研究,兵器部的纳米半导体薄膜与器件研究,国家航空科学基金委员会的应用于导航的纳米器件研究等科研项目,国防科工委的纳米硅特性与器件研究项目等。此外,我还要指导研究生、博士后的科研任务。我的工作日程排得满满的,有一段时间工作实在很重,太忙了,终于病倒了,得了胃出血住进医院。在攀登科技前沿的历程中,虽然含辛茹苦,但仍乐于探索创新。时光不负努力,青春不负拼搏,直到最后取得相应的成果。

我和两院院士王越校长合作指导博士后,课题分量大、任务重(是国防科研),很费力。好在有个做博士后研究的廖波博士很能干,做研究工作很努力,善于思维,敢于创新,博士后科研做得很好,为此我感到欣慰。

(作者原单位:信息与电子学院)

为开创我国的知识产权事业所做的一点贡献

● 刘淑敏

我叫刘淑敏，出生于1935年，于1952年秋季进入北京工业学院电机系学习。入学后不久，全国高等学校进行院系调整。当时，北京工业学院是国防院校，因此，电机系改为雷达系，学制五年。由于学院急需教师，我于1956年从雷达专业提前一年毕业，留在本系任教。后因雷达系增设了导弹无线电遥控和无线电遥测专业，我又被调入导弹无线电遥测专业教研室任教，从事了将近三十年的专业教学工作。

为适应国际科技交流的需要，随着改革的深入发展，具有中国式社会主义特点的专利制度应运而生了。在世界上，专利制度已有三百余年的历史，它是科学技术蓬勃发展和商品经济高度发展的产物。由于技术的不断更新，具有使用价值和价值两种属性的专利技术，便成为一种特殊形态的商品，在市场上流通和竞争，发明者迫切需要依靠国家法制来保护他们所发明的技术和知识产权。专利制度就是通过法律和经济手段来管理技术发明的一种制度。在近代科技发展史上，专利制度起到了十分重要的作用。

我国在1985年4月1日正式实施专利法。为此，需要在全国培训大量的专利人才。于是，学校从每个系抽调一名教师到专利局参加培训，我是其中之一。培训为期一个月，通过结业考试，颁发了《专利代理人证书》。随后，学校成立了北京工业学院专利事务所兼北京国防专利事务所，由我担任所长。

事务所由六名专职代理人和十多名兼职代理人组成。除了承担专利代理工作外，我提出在我校开展专利教学，设立专利选修课，得到了校领导的大力支持。教材由我主编。事务所的同志利用暑假，夜以继日地编写出了《实用专利教程》一书，共22万字，于1985年10月正式出版。这是在实施专利法不到半年就出版的教材，是我国专利教学史上的第一本教材，后被收入在瑞士的世界知识产权图书馆。

该书第一版印刷两万册，当年全部销售一空。后又印刷了五千册，以满足全国高等学校开展专利教学的需要。该书的出版，为在大学生和研究生中普及专利知识做出了贡献。

后来，成立了知识产权研究会，我被选为常务理事。

我出版的第二本专利法普及书是为企业领导用的。按照国家经委、国家科委、财政部、中国专利局联合发出的国专综字〔1986〕第257号文件《关于加强企业专利工作的规定》的精神，为加强北京市企业的专利工作，把专利工作渗透到企业改革和生产经营管理中去。北京市专利管理局从1987年4月中旬开始，先后举办了三期包括企业的厂长、经理、总工程师的专利法学习班，每期9天，我被聘请担任主讲教师。通过学习，企业领导普遍反映很有收获。除了对专利法有了较全面的了解外，还认识到实行专利对企业的技术进步、企业的经营管理、企业间的竞争以及企业的发展战略都有着促进作用。因此，增加了他们开展专利工作的自觉性和紧迫感。

学员们反映这次学习班的讲课内容丰富、概念准确、文字简练，举例结合企业实际，听起来生动有趣。但由于学习班时间有限，许多学员反映来不及深入消化、吸收。根据大家要求，北京专利管理局委托将授课手稿编辑出版，定名为《企业宣传专利法读本》。

北京专利管理局推荐此书，作为企业普及专利法的教材，以推动北京市专利工作的进一步发展。该书于1987年11月出版，全书共145千字，印刷了两万册。

在我任职所长的四年期间，专利所共代理申请专利一百多件，无一被驳回，都取得了专利证书。

我所连续三年（即1985—1987年）被评为北京市专利先进工作单位，我本人也被评为先进专利工作者。

能为开创我国的知识产权事业做出一点贡献，我感到由衷的欣慰和自豪。

（作者原单位：科学技术研究院）

做青年学生的引路人

● 李兆民

我于 1997 年从工作岗位上退休,但思想上并没有退休,仍然牢记初心和使命,为党和人民培养社会主义的建设者和接班人。我给北京市参加高等教育自学考试的民办高校学生讲授毛泽东思想和邓小平理论课长达 7 年,帮助学生用党的指导思想来武装自己的头脑,听党的话,跟党走,为建设中国特色社会主义而奋斗。2009 年至今的 12 年间,先后受我校党委学生工作部、宇航学院、软件学院、计算机学院、自动化学院和管理与经济学院的邀请,给学生讲党课,主要讲解党纲党章和党的基本理论,帮助学生提高对党的认识,端正入党动机。每当我给学生讲党课时,总是会涌出使命感和激情。自动化学院学生王牧在党课心得中说:"本周的党课,是我上过的最精彩的一节,李老师虽然年纪已大,但他讲起课仍是激情满满,生动传神,这节课使我了解到党的光荣与伟大。"自动化学院学生路遥遥在党课心得中说:"这次党课,我获得的不仅是党的知识,更是精神上的洗涤,是灵魂的碰撞,李老师上课时那种激情深深打动了我,使我无法忘却。"软件学院硕士研究生刘震在党课心得中说:"李老师在课上讲了习近平新时代中国特色社会主义思想的形成、精神实质、丰富内涵和历史地位,最后强调新时代青年的历史使命。结合我们在校的生活,语重心长地告诉我们,要好好学习,做有理想、有本领、有担当的一代青年。李老师是一位德高望重的长者,是一位我无比尊敬的人。他的认真负责,正义凛然,总是令我无比崇敬。在日常工作中,他如此年迈却依然不辞劳苦地日日关心学生的学习和生活,有时都会让我心疼,但这正是共产党员的缩影,是我们的榜样和标杆。"还有许许多多学生,在听了我讲的党课后,都写了类似的感受和收获。这使我了解到一堂好党课对学生所起的作用和影响,更加激励我精心备课,给学生增添正能量。

这 12 年来,我还先后担任了宇航学院、计算机学院、自动化学院的特邀党建组织员,协助这三个学院的党委对学生入党积极分子进行思想政治教育,发展学生党员。我严格执行发展党员的标准,严把质量关和发展程序关,仔细审查入党志愿书等材料,和入党申请人谈话,共计 600 多人,帮助他们提高对党的认识和端正入党动机,取得了良好效果。我给他们讲国家过去经历的苦难、今天的辉煌、明天的梦想;我给他们讲科学家钱学森、邓稼先不留恋在美国的高薪待遇和舒适的生活条件，中华人民共和国成立不久，就回到祖国，搞"两弹一星"，为国家建立功勋的动人事迹；我带他们学习党章，指导他们运用唯物辩证法看问题。教育他们树立正确的入党动机和目的——入党必须树立崇高的理想和坚定的信念，树立为中国特色社会主义和实现共产主义奋斗终身的理想信念，树立全心全意为人民服务的思想，践行党的根本宗旨。入党是为了党的事业，为实现党的纲领而奋斗，入党绝不是为了个人的任何私利。

近两年来，我应邀到自动化学院协助加强党支部思想政治建设，落实"三会一课"制度，指导和参加党支部的组织生活，定点联系12个党支部。我每周要参加3个党支部的组织生活，与他们共同学习党的十九大精神和习近平新时代中国特色社会主义思想，开展"不忘初心、牢记使命""弘扬爱国奋斗精神，建功立业新时代"主题教育，及年终开展批评和自我批评的组织生活会。

我是一个有65年党龄的老党员，从政治思想上教育和关爱青年学生，当好他们的引路人，是历史赋予我的使命和责任。关心下一代，是利在当代、功在千秋的光荣事业。我愿尽己所能，继续参与，努力奉献。

（作者原单位：宇航学院）

教书育人工作点滴回忆

● 苏广川

1985年1月，第六届全国人大常委会第九次会议通过了国务院关于设立教师节的提案，决定每年9月10日为教师节。

记得在1987年9月10日早晨，接到学校的通知，让我出席由国家机械工业委员会组织召开的关于教育工作的座谈会，我校一同出席的还有一系的林瑞雄老师。时任国家机械工业委员会主任、党组书记邹家华同志，接见了出席会议的全体同志，与我们合影留念，并向我们颁发了"教书育人"优秀教师的荣誉证书。会上，邹家华部长勉励我们要教书育人、为人师表，为祖国的教育事业做出更大的贡献。邹家华部长的嘱托至今还时时在耳边回响。

那些年，我曾相继担任过本科生的班主任、本科生年级主任以及研究生班班主任。当时研究生尚未实现导师制，学生工作主要由系领导和班主任管理。

要想做好学生工作，首先要率先垂范，以身作则，为人师表，身教重于言教。要学会与学生打成一片，做好调查研究。经调查后发现我班学生的英语听力基础较差，于是就组织他们参加课外英语学习小组，组长由吴向东同学担任。我帮他们借录放机和英语磁带，和他们一起听，并让他们互帮互学，培养他们学习英语的兴趣。经过一段时间后，学生的英语有了较大的进步。

桑榆情怀——我的奋斗足迹

在和学生交谈中，我又发现班上学生学习微型计算机课程困难较大。我又抽出时间给他们集体辅导，讲解重点、难点，指导他们计算机编程。在那年年终考试，我们班平均成绩位于全年级第一，受到系领导的表扬。

在担任研究生班的班主任期间，我们班上有位女学生突然患病，经检查患的是急性丙型肝炎，如不及时有效治疗，转成慢性后，将对终身健康有极大的危害。当时这位学生整个精神状态几乎崩溃，我努力安慰她，要相信现代科学医疗技术，要有战胜疾病的坚强意志。我亲自送她到北京专科医院去诊治，待病情好转后又转至校医院继续治疗。经过医生的精心治疗，她的病得到了完全康复，指标一切正常，连医生都觉得是一个奇迹。后来她父母从云南到北京来看望她，向我表示感谢。我告诉他们，我是她的班主任，照顾她是我应尽的工作和义务。

我从 2007 年退休至今，一直与信息与电子学院的研究生有着密切的来往。我与他们的导师一起制定科研方案，协助解决科研中的关键技术问题，平时还参加他们的学术研讨会，我从他们身上学到了许多新知识，真是活到老学到老。新知识、新技术一日千里，不学习，就没有发言权。我是一位普通教师，和学生们在一起，总觉得自己年轻了许多，我与他们结下了不解之缘。

最近习近平主席在给科技工作者的回信中，勉励广大科技工作者攻克关键核心技术，勇于攀登科技高峰。我们高教战线上的同人，应积极响应习近平主席的号召，教书育人，为国家输送更多的优秀人才，为把我国早日建成世界科技强国而努力奋斗。

（作者原单位：信息与电子学院）

热心公益　努力奉献

● 陈晋南

2000年7月，北理工成为教育部远程教育试点学校，我作为国家高教部专家组成员参与了教育部有关远程和成人教育政策的制定。2004—2010年，我参加了北京市教委《北京市高等教育质量报告》专家组的工作。2008年，我参加了教育部继续教育改革和发展战略与政策研究子项目——北京市独立设置成人高等学校现状与需求调查，作为主要执笔人完成了调研报告。2008年，我主持完成了中国科协的"关于加强全国学会继续教育工作的研究"项目，撰写了《关于中国科协系统继续教育工作的调研报告》和《学习落实十七大精神，推进科协继续教育的发展——关于加强中国科协系统继续教育工作的若干意见》的报告。2010年8月23日，中国科协书记处会议审议通过并下发了《中国科协关于加强继续教育工作的若干意见》（科协发学字〔2010〕22号）。2009—2011年，在中国科协学会学术部部长朱雪芬支持下，我承担了"继续教育质量管理评估模型研究和实践"课题；2011年，我承担了"继续教育基地建设的标准和管理体系"项目，组建了北理工课题组；在科协系统的广东工程职业技术学院和北京科技进修学院两个施教机构，试运行"继续教育质量管理自我评估模型"的草案。2013年，我和课题组成员——教务处徐瑾、于导华、王清，继续教育学院蒋志湘、杨莉提交了"继续教育基地管理办法与质量评估模型研究"的结题报告。

我曾任中国人力资源和社会保障部"专业技术人才知识更新工程专家指导委员会"委员。《国家中长期人才发展规划纲要（2010—2020年）》发布后，中国工程院设立了我国工程科技人才成长若干重大问题研究课题。2011—2012年，国家人力资源和社会保障部承担了"工程科技人才继续教育问题研究"分课题。中国继续工程教育协会理事长戴光前任课题组顾问，人社部王晓初副部长任组长，中国工程院院士朱高峰等任副组长，中国继续工程教育协会承担具体研究任务。中石化集团、上海宝钢、北理工、清华大学、国家图书馆每单位1人作为课题组成员，分别承担5个子课题，人社部专技司继教处的领导分别参加每个子课题。我任第3子课题"重大工程项目中工程科技人才成长机制研究"的组长，在学校侯光明副书记支持下，与管理与经济学院刘平青、王成全，人力资源陈珂，教育研究院周玲和研究生组成了课题组。人社部控制项目经费，制定子课题专项经费使用说明，出差时实报实销。我参加了总课题组的三次培训。戴光前理事长召集子课题组组长会议，听取汇报。北理工课题组花了两个月制定了课题研究方案、调查问卷和深度访谈表。戴光前和人社部邹晓青处长3次单独听取汇报，详细讨论研究方案。中广核原董事长、总经理和党组书记昝云龙在北理工进行了为期一天的深度座谈。按照昝总的建议，我们及时修改了调查问卷和访谈提纲。在人社部邹晓青具体支持下，深入中铁集团、中广核集团、葛洲坝集团等国家重大工程项目调研，通过问卷调查、深度访谈、实地调研和案例调研，在中广核通过视频会议访谈，分别召开重大工程项目领导部门、项目负责人、领军人才、企业人社部门的负责人、科技人员座谈会，研究人才培训、激励机制等在人才建设中所起的作用，分析团队建设、激励成才机制和条件保障措施等方面的现状。我校研究生用 Spss 统计软件包统计分析了 3 000 份调查问卷。课题组分别向三个集团提交了访谈纪要和问卷数据分析报告，三个集团均用公函形式确认。最后，课题组提交了《依托重大工程项目培养集聚科技创新人才》的结题报告。

我曾任北京市教委专家组成员，参加了北京高等教育质量报告专家组工作（2004—2010 年），参加了北京高等学校教育教学质量状况的全面调研，参加编纂了每年的北京高等教育质量报告，参加了《2009 年高校继续教育质量报告》编纂工作，多次参加全国和北京市校外学习中心的检评工作。2013—2017 年，我参加了北京市教育委员会专家组的工作，担任评估或专检小组的组长，按照教委要求，圆满完成了评估或负面问题检查工作，受到了好评。

我曾任北京继续教育协会常务理事、中国继续工程教育协会理事和中国成人教育协会理事。冯长根副校长带领继续教育学院加入国际继续工程教育协会（IACEE）。2000－2014 年，我参加 IACEE 的年会，先后赴加拿大、日本、美国、奥地利、新加坡、韩国和西班牙参加国际会议，介绍我校继续教育情况。2012 年 1 月和 2014 年 1 月，我赴巴基斯坦参加第 9 届和第 11 届 IBCAST 国际会议，介绍课题组的科研。2014 年 6 月，我作为顾问与院长张剑军一行参加了在美国斯坦福大学举办的 IACEE 年会，介绍我校继续和远程教育。2015 年，我协助中国继续工程教育协会和北理工，在校国际交流中心成功举办了 IACEE2015 年理事会暨继续工程教育在线学习研讨会，孙逢春副校长出席会议并讲话，他点名表扬了我对学校继续教育的贡献。当时与会全体人员给予热烈的掌声，我激动得热泪盈眶。

在社会兼职和管理工作中，我努力提高理论和政策水平，研究管理工作中的问题，在国际会议和核心刊物上发表了教育管理的论文 80 多篇。我曾获"首届中国教育创新论坛"优秀论文一等奖，中国继续工程教育协会优秀论文一等奖，多次被邀做专题报告。

2001—2007 年，我担任北京市海淀区妇联常务委员。2000—2010 年，我接替袁增凤会长，任校女教授协会第二、第三届会长。在党政领导下，协会的姐妹们配合学校中心工作，与女教工委员会一起，结合女教授和女职工的特点，开展一系列活动以促进学校各项工作的发展。与校学生会共同组织女教授与女大学生手拉手活动，我以自己留学经历，启发学生发愤图强、报效祖国。

2009年，分管女教授协会的侯光明副书记获首都女教授协会第一届首都"女教授之友"荣誉称号，他出席校"三八妇女节"100周年大会并讲话。2010年8月，组织了我校女教授代表团赴延安学习考察延安精神。2010年11月，薛庆、王沙丽、张晓甦和我获校工会北京理工大学女教授协会工作突出贡献奖。2010年11月19日，郭大成书记与校女教授协会第四届代表大会代表合影。何海燕接任校女教授协会会长。我担任协会的名誉会长。每年我都参加校协会组织的活动，参加义务植树活动。

郭大成书记（一排中）左边陈晋南，右边何海燕

首都女教授协会成立于1994年3月8日，是由中国北京高等学校女教授自愿组成、具有法人资格的社会团体。2004年年底，我被选为首都女教授协会的第三届副会长。2009年5月，我任首都女教授协会常务副会长兼秘书长。每年组织首都女教授协会活动，参加北京建筑工程学院、北京交通大学等学校女教授协会的活动，参加市妇联课题项目立项和结题评审。我于2010年3月组织和主持了北京市纪念国际妇女解放运动100周年大会，参与举办了"智慧·奉献·共享——首都女教授论北京世界城市建设"论坛，撰写了《建设世界城市与高等教育的深化改革》一文投稿论坛。我作为北京市杰出女性，于2011年11月参加了由全国妇联主办的"妇女与可持续发展国际论坛"。

桑榆情怀——我的奋斗足迹

  2011年3月，我校获中华全国妇女联合会、全国妇女"巾帼建功"活动领导小组颁发的"巾帼文明岗"奖牌。2012年6月，在国务院侨办举办的美大地区侨界妇女访华团和首都杰出妇女代表座谈会上，我介绍了自己留学回国后的工作情况。

  我无私地服务祖国和社会，履行我"报效祖国，奉献人生"的诺言。

主持首都女教授协会会议

妇女可持续发展国际论坛与市委书记郭金龙合影

美大地区侨界妇女访华团和首都杰出妇女代表座谈

（作者原单位：化学与化工学院）

教书育人心底甜

● 董国耀

1979 年 10 月，响应校党委号召，我由光学系转到制图教研室。图学课程教学是我最挚爱的事业，教书育人是我最大的乐趣。

为助教进修班开课

来制图教研室不久，我担任了党支部书记。有一次教研室干部会上，室主任简召全教授说，我们必须要卧薪尝胆，改变制图的声誉。我意识到，制图是被认为没什么水平，被人瞧不起的课程。

在简老师的领导下，教研室的老教师们掀起了研究自己的专长和爱好的热潮，很快形成了几何变换、多维画法几何、曲线曲面、空间角度计算、逻辑图学、标准化、计算机绘图等十几项课题成果。

积累了上述研究成果和教学资源后，1983 年，举办了师资培训班；1984—1986 年连续举办了助教进修班。参加培训进修的学员异口同声地称赞：课程内容丰富，学术水平高，开阔了视野，收获很大。

我把几何光学理论和体视测距机，与图学融合，并结合了射影变换理论，也为师资培训班和助教进修班开了课——透视投影和体视投影。

我运用射影变换论述透视和体视理论，剖析归纳几何实质和规律，描述相关概念与术语。站在射影变换的高度讲授透视体视投影，看得更宽、更透、更深，更具一般性。老师们听了，评价说：有新意，有收获。有的透视老师没有听课还表示遗憾。

经过助教进修班的几次讲授后，又融入了相关研究的新信息新进展，我编著了《透视和体视》教材，1992 年由北京理工大学出版社出版，并设置为研究生课程。

几届助教进修班，有来自全国各地的近二百位制图老师前来学习，北理工制图课程受到了全国同行的赞扬。制图课被评为校一类课，1988 年荣获北京市优秀教学成果集体一等奖。

我的学生荣获金奖

每每走上讲台就感到异常兴奋和亲切，面对着一张张稚嫩的脸庞，一双双渴求知识的目光，一股暖流油然而生，激发着我的教学激情。喜欢能力强、成绩好的学生，是人之常情；但我对那些学习较弱的或有各种困难的学生，有一种特殊的怜爱之情。

有些不喜欢制图课或不爱学的学生，他们往往缺乏自信，习惯坐在后头或侧边位子上，低着头，不希望被老师看见。在讲课前或课间我就走到他们身旁，摸摸他们的脑袋，或拍拍他们的肩膀，向他们点点头，给他们一个微笑，给他们一些鼓励。我还特别注意对他们进行作业辅导，所以我教的班不及格率总是比较低的。

一天下午，两节课后，大部分同学都离开教室。五点多了，我发现绘图室里还有一位女孩。我走到她面前，她泪流满面，说题目不会做，我安慰她并进行指导，此后也比较多关注她一点。在期末学习小结中，她感激地说董老师像爸爸一样。

工业设计系的一个小伙子，至今我仍清楚记得他的名字，叫杨猛，身材魁梧，来自东北。上课爱打瞌睡，他说是病态，中学就这样。我很理解和同情，发现他瞌睡了，就让他站起来抖抖精神，又低下头了，就让他去楼道里跳跳再回来。由此他对制图课产生了浓厚兴趣和感情，他学习努力，作业和画图都很好，课程总被评为优，参加了校制图课竞赛，荣获了金奖。

我还有一个习惯，每讲一遍课，都不完全重复前一遍的讲法，必须有所变化、改进。大约是1985年，我们教研室建成了机房，我就把Basic语言绘图引入课程，光学系的同学们兴奋异常，争抢上机，收获很大，连续两届校制图竞赛金奖获得者都是我的学生，他们为光学系争了光。因此，1988年教师节，光学系特颁发给我教学特别荣誉奖。

北理工制图获得全国同行的赞誉，我的学生荣获金奖，是心底甜蜜的享受，是令人幸福骄傲的回忆！

（**作者原单位：机械与车辆学院**）

难忘的时刻　永远的珍惜

● 张锦云

我是一个普通、平凡的教师，1958年从北京工业学院（北京理工大学的前身）毕业后留校任教，现已退休二十多年。在职期间参加过多项科研工作，担任过各环节的教学工作。

现在我珍藏着一些当年学生们送我的相册和元旦、教师节时送的贺卡。它们记录了我的一些经历，是我与学生们亲密相处、互尊互爱的证明。每当我翻看它们时，脑海中都会浮现出一个个学生的鲜活形象，更会让我想起一些难忘的时刻。

那是我在给83771班的学生讲授"爆轰物理"时，在两节课中间的休息时刻，几个学生围着我说："老师，你讲得真好。"这是我第一次讲授这门课，得到这样的肯定与鼓励，我信心倍增，更加认真地备课，讲好每一节课。

在给84841班的学生讲授这门课时，在整个课程的最后一节课，我为他们做了全部内容的概括总结。可是过了几天，他们的班长来找我，要我去为他们做总结，我说："我不是给你们总结了吗？"一边说着一边随他走向教室。到了教室，等我一站上讲台，班长却拿着一本相册，以全班的名义送给我，向我表示感谢。与此同时，响起了全班同学的热烈掌声。这实在出乎我的意料。谢谢同学们，在我心里将其视作奖状一样珍贵。

在我担任83931班班主任期间，在我给研究生、本科生讲课时期，每到教师节或元旦，我都能收到那些班级和学生个人送我的贺卡。有的还是学生毕业以后从外地寄来的。这些相册和贺卡都是我永远的珍惜。

忘不了那个除夕的夜晚，应几位研究生之邀在其宿舍一起吃火锅、谈天说地的情景，多么温馨和谐的画面。

忘不了应邀参加83931班全体同学欢度除夕之夜的聚会，一起包饺子、吃饺子，说说笑笑的情景，有如置身于一群好友之中的感觉。

忘不了应邀参加83931班同学毕业15周年、20周年聚会时，他们一个个和我碰杯的情景，忘不了一个个抢着和我合影的情景，忘不了他们对我讲述各自工作成就的情景。他们一个个都已成为各方面的骨干，如工厂的厂长、公司的中管、部门经理、学校的教授等。看到这些意气风发的青年，我对祖国的未来充满信心。我想对我曾经的学生们说，作为一名光荣的人民教师，我感到由衷的高兴，感到一生都满满的幸福，因为你们，因为我教过你们！！

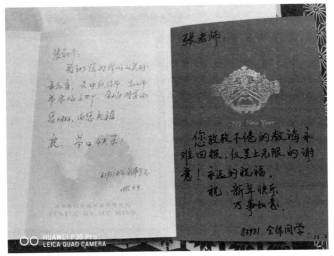

（作者原单位：机电学院）

材料学的情缘与感悟
——庆祝北京理工大学成立 80 周年

● 郑秀华

47 年前，我从东海之滨来到京城，走进水木清华。从此，我与材料学结下了一世情缘。

37 年前，一个机缘，我迈进北京理工大学。从此，我扎根这片沃土，在材料学的园地耕耘至老。

材料学向我展现了一个五彩缤纷的世界，在这个世界里，有画一般的意境，有诗一样的韵律。那一条条宏观定律，美妙绝伦，凝聚着无穷的智慧，让我如痴如醉。那一幅幅微观图画，精美至极，蕴含着无限的哲理，让我流连忘返。

47 年来，我与材料学相伴而行，不离不弃。它是那样的深邃，那样的博大。为它，我上下求索，苦心志，劳筋骨；为它，我东西寻觅，衣带宽，人消瘦。许多不解，难以改变我对它的执着；几番周折，难以阻断我对它的追求。

47 年弹指一挥间，我在材料世界里，看到的只是冰山一角，获得的只是沧海一滴。这一角之地，虽然窄小，却让我领略了材料世界的种种风光；这一滴之水，珍贵无比，足以让我享用一生。

因为它，我的生命变得充实，我的生活充满乐趣；因为它，我明白了世间的许多奥妙，我懂得了人生的许多真谛。它让我变得从容自在，让我变得成熟包容；它带我走出迷茫徘徊的境地，从必然王国走向自由王国。

材料学中阐述的基本原理和基本概念不仅可以用来指导材料科学研究，解释各种材料行为，解决各种材料问题，而且可以用来诠释社会和人生的种种现象，使我们对自身和他人有更深刻的认识和理解。

所以，知识不仅让我们了解自然，立足社会，以此生存，而且给予我们智慧，认识生命，洞察人生。而后者应更为重要，是我们所有活动的终极目标。

在这里，我与大家分享我的材料学感悟组诗——《你和我》，并以此诗文献给我热爱的材料科学，祝贺北京理工大学建校 80 周年，祝愿北京理工大学材料科学与工程事业兴隆昌盛，蒸蒸日上，英才辈出，后继有人。诗中的"你"代表材料学，"我"代表所有热爱材料学并为它付出毕生精力的材料工作者。

（一）完美、平衡与平等

你告诉我
万物不完美
人生不平衡
社会不平等

达到完美的境地很遥远
需要修炼
通往平衡的道路很漫长
需要时间
获得平等的理想很艰难
需要努力

（二）缺陷

你告诉我
不要嫌弃缺陷

它赋予每个生命
不同的品质
它让每个生命
呈现不同的美丽

从而
我们的世界
才如此多姿多样

因而
我们的人生
才如此丰富多彩

有缺陷的生命
才是真实的生命

有缺憾的人生
才是真正的人生

不要自卑
不要自傲
尊重每一个生命
包括自己

不要羡慕
不要攀比
欣赏每一个生命
包括自己

不要嫉妒
不要怨恨
善待每一个生命
包括自己

（三）内与外

你告诉我
内因最重要
内在的修养
决定外在的气质
内在的品质
决定外在的行为

你还告诉我
不同的生命品质
履行不同的使命
担当不同的角色
适合自己的
才是最好的

钢铁再坚硬
无法与金刚石抗衡
钢铁再柔软
也不能与高分子媲美

普通碳钢
无法像不锈钢一样
抵抗复杂环境的侵蚀
更不能像陶瓷一样
承担极端条件的重任

不要以为
普通碳钢
贴上合金钢的标签
就可以为所欲为

那只会过快地腐蚀损伤
失去生命的光彩
那只能过早地失效断裂
失去生命的活力

虚假的标签
不能代表内在的品质
内外的和谐
才是生命的真谛

要让生命
变得强大柔韧
需要千锤百炼
需要添加新的元素
需要改变自我结构

你还告诉我
社会系统的行为
取决于

组成个体生命的品质
还取决于
群体中生命之间的相互作用

社会变迁
潮流更换
世风轮转
哪个不与生命品质相关

不要以为
自己的遭遇
只是环境所致
不要以为
他人的境况
与己无关

要让
生活变得美好
唯有个体生命的品质
变得美好

要让
世界变得美好
唯有群体生命的品质
变得美好

（作者原单位：材料学院）

参加我校招生工作的点滴回忆

● 周木兰

1977年，全国恢复了高考制度，招生无疑是一项很重要的工作。我校招生毕业分配处每年都要抽调一批教师，分别到各省市进行招生宣传或招生录取工作。另外，根据当时上级的要求和实际需要，还开办在职人员培训班，对此，也要进行招生工作。这两种情况的招生我都参加了。

在实践中，我深感招生工作直接关系到我校的发展水平和建设规模，关系到我校生源的数量和质量，也是我校作为全国重点大学不可或缺的组成部分。同时，更是一项事关千家万户切身利益、社会稳定的重要工作。尤其是不少考生把高考当成改变自身命运、实现自身价值和社会价值的途径。因此，我在参与这项工作时，深感重担在身，有责任也有义务，必须认真负责地去完成这项任务。

第一次参加招生工作是1984年6月，我和教务处陈德瑾同志赴南京，参加兵器部召开的有关在职人员招生会议，当时七系领导非常重视，为避免迟到，系总支李和章副书记亲自为我们买的机票。由于改革开放后，生产蓬勃发展，对技术人才的需求日益迫切，这是影响生产上水平的短板。为解决部属工厂急需的一线金相热处理技术人才问题，召开了这次会议，讨论如何挖掘高校潜力，加强职业教育，深化产教融合。决定从部属工厂招收一批具有一定生产实践经验且具有高中毕业或同等学力的在职人员，到高校接收系统的理论学习和技能培训，将他们培养成为高素质的技能型人才，切实解决生产过程中所出现的实际问题。在这一精神的指导下，我校办了一届金相热处理大专班。这批学员经培训学习后，绝大多数都成为单位技术精湛、勇于创新的技术骨干，有的担任了理化研究室主任，有的被提拔到其他领导岗位，有的成为企业的老总。

1988年5月，我和五系的一位年轻教师赴江西省进行招生宣传。当时从北京到南昌连直快都没有，只有慢车。在车上口干想喝水，也得等到在大站停车时，靠车下通过窗口送点水。我们到达南昌后，在江西医学院招待所住了一宿。次日，同去的老师留在南昌，对该市的中学进行宣传。我则去了九江，来到九江几所比较好的中学。一见面，有的学生问："老师，您是来自哪所学校，因为来我们这里进行招生宣传的已有好几拨。"我回答："我来自北京，是北京理工大学的一名老师。"同学们窃窃私语："北京的！北京的！"事实上，北京也是一块很响亮的招牌。我想这也是各校之间的一种竞争，就看哪所学校的声誉好，哪所学校宣传得到位。我先是向考生发放了带来的招生宣传材料，对宣传材料中的内容进行了详细介绍，尤其是我校是中国共产党创办的第一所理工科大学，并积极传承"延安根、军工魂"的红色基因，始终与国家同呼吸共命运，为我们国家培养了一批又一批的优秀人才。接着还回答了考生最关心的问题。目的是广开生源，力争更多的优秀学生第一志愿报考我校。

1989年，七系副主任韩锡勋和我在教务处处长陈永胜的带领下，到河南洛阳兵器部职工大学、湖北襄樊大学商议联合办大专班事宜，并于1990年执行。这年8月，我赴河南开封招收专科生，主要是为与洛阳兵器部职工大学合办的机械制造工艺与设备大专班录取考生。

1994年5月，组织上安排我去湖南省作招生宣传，因当时我80多岁的老母亲有病，招生宣传的时间需要一个多星期，建议领导请其他老师前往。系党总支李和章副书记让我和家里的孩子商量一下，最好还是我去。晚上回到家，与孩子提及此事，儿子回答："没问题，我陪奶奶去医院看病。"

这次去湖南共有两人。为保证生源质量，吸引优秀学生报考我校，我们先后来到长沙一中、长郡中学、雅礼中学、湖南师范大学附中和岳阳一中、汨罗中学等几所重点中学。在给考生发宣传材料的同时，我们不仅介绍我校是全国的重点高校，而且还向他们介绍了我校的前身是延安自然科学院，有着光荣的革命传统，又是新中国首所国防理工科大学，具有综合实力强、专业覆盖面广、学科门类齐全、办学规模大、师资力量雄厚和学术生态环境非常好等优势。同时，还介绍了学校设有研究生院，除招收本科生外，还招收研究生，引导考生能较深刻地体会到报考这样的学校，不仅使自己眼界开阔，还能结识大量的优秀校友，使得同学们的价值观和知识结构将会更系统、更健全，从而激发起同学们热烈而广泛的咨询。在我们回答了他们所关心的热点问题后，从他们的反映可知，这次宣传明显扩大了我校的影响，得到了更多学生的认可。

同年8月，我赴海南省招生。当时全国参加第一批录取的各重点大学的招生老师都集中到省里安排的地方，在一个大房间里集体办公。省招办根据各高校核定的招生计划，在当地一本录取分数线的基础上，凡第一志愿报考同一学校的考生，依照高考成绩由高分到低分排序，再按该校招收名额的120%投档。譬如我校在海南省计划招收10名，就投12份档案，便于录取时选择优秀的考生。因为除了投档分数线，还要看考生与所报专业相关的各科成绩和对身体条件的要求等。我在录取时，认真而仔细阅读了省招办送来的每一份档案材料，再根据填报的志愿，依次由高分到低分，逐个仔细分析，然后正式录取。完成任务后，将录取结果和档案材料一并交给了录检组。

由于生源质量较高,录取工作很顺利。但招生过程中,也遭遇了不和谐、不正常的干扰,但我都本着对学校、对人民和考生高度负责的精神,确保成绩更优秀的考生录取到他所要学的专业,以便将来更好地为我国的国防事业做出贡献。作为一名在我校工作三十多年的教师,又是一名快四十年党龄的老党员,我时时告诫自己:决不能为一己私利,收受贿赂,放弃原则,有失公平公正,必须坚持我校办学的正确的招生路线,以维护我校的良好形象。

1995年8月,我和招生毕业分配处郝志强副处长赴新疆乌鲁木齐招生。录取规则和海南的基本相同。我们对每份考生的档案材料,都进行了严肃认真的审查、分析研究和反复讨论,然后确定录取名单,送交录检组。到此我们的招生工作已基本完成。不料当天晚上十二点多,突然听到急促的敲门声,有人大声叫喊着我的名字。在这边远地区的深夜,听到这种叫声,让我大吃一惊。好在这次招生还有郝处长,他也被喊了起来。原来是有家长质疑我们的工作。我们向他耐心解释了录取程序。根据规定考生是按 1:1.2 的比例投档,也就是说上了投档线,还要考虑其他因素,最后总有20%的考生不能录取,档案材料予以退回。总分相差不大的考生,如果他们填报的第一志愿是同一专业,其中一位虽然高考总成绩高 1 分,但另一位数理两科分数都高出近 10 分,在录取时就会选择后者,这样既有利于该考生自身的发展又有利于专业的建设。最后家长了解了政策,解除了疑惑,向我们赔礼道歉。

总而言之,在整个招生过程中,我们都严格按照招生章程规定录取,在确保分数面前人人平等的前提下,使学校招到优等生。对于照顾私人关系而违法乱纪,严重干扰正常录取秩序的歪风邪气,我们予以坚决抵制。

(作者原单位:材料学院)

做一名一生无悔的教师

● 姜世忠

未曾想到,作为人文科学(讲哲学)的教师,身无一技之长,走下讲台,学生还会与我联系,还常惦记我。

我给在校的同代人授过课,想起来总感到有些歉疚。这些人都是上山练过腿、下乡练过背、实践经验丰富得多的同学。

这些同学素质很高。每当迎头会面,他们总是匆忙下车;每当聚会还总是说我是他们的老师。在记忆中,已经淡忘的事,他们还记忆犹新。说我在课堂上竟讲大实话,声称自己知道自己半斤八两。当年的学生提起往事,只能是笑谈。作为教师,我未付出给同学,总觉得对不住诸位。

称职的教师,真正的教师必须教给学生点什么,授给学生点什么。教师的品格就是付出。

教学走上正轨。终身成为师者,传道、授业、解惑,教书育人,肩负重任。

教师不能忘记提升自我,教师的一言一行要真善美。在塑造人的灵魂中,教师一定要努力成为合格的最佳"模具"。

未曾想到,在新学年我给新班开课时,三位我曾教过的学生拿着我讲课的语录找到我。他们郑重地将冠名"姜爷爷老师的箴言"的本子双手捧在我的面前,请我再写上几句话,一定要我签名留念。

我认真仔细地阅览自己讲过的话,都是讲课时我重点强调的话。学生真是有心人,老师的话他们竟利用假期整理打印了出来。事后思考,教师和父母既是人生的"模具",又是人生的引领者,不能低估自己的影响力。教师的言行,教师的胸怀,教师的气魄很可能影响学生一阵子,或者影响学生的一生。师者,把正能量传输给学生,才能获得最大的欣慰。

未曾想到,教师的言传身教,学生在效仿。那是去年夏季,由天通苑乘地铁回学校,车上座无虚席。一位男同学,隔着好多人特意走过来,把他和女友的座位让给了我和老伴。学生紧紧地握着我的手不放。我一时想不起我在什么时候教过他,又不好问。这位同学很直爽,首先说起自己,说自己在班里学习是靠后几名,但是现在是技术老大。他对女友说:"我身上有好多姜爷爷老师的影子。咱开大会,我给同事

做一名一生无悔的教师

们鞠躬都是跟姜爷爷学的,爷爷第一天来上课,班长一声起立,姜爷爷特意将身子移出讲桌,深深鞠了一躬,大家都呆了。姜爷爷讲'君则敬,臣则忠!老师和将帅都要尊重下属,我要先谢谢同学,没有学生,哪来的老师'。"学生说这件事他印象太深刻了。

从学生对我的称呼,我猜到了他是我在高职学院教过的学生,高职学院的学生都称呼我为"姜爷爷老师"。这位学生很健谈,他一路上向女友讲述我在课堂上的趣事和个人学习归纳升华的警句。学生讲:"您一上来就提问:'为什么中外大小团队,齐步走时都是先迈左脚?'大家都愣住了。停了片刻,您讲先迈左脚,就是要重视理性思维。并且,您说我们开设哲学课,就是和同学一起重视先迈左脚。离开哲学指导就要办傻事。""这真是好学生,老师的话,记得真真切切。"在身旁的乘客说。学生接着讲:"在班里,我学习可不是拔尖儿的。现在搞航空检修,师兄弟干完强电弱电、上下水最后都得我验收签字。您说过要学德国人、日本人干活讲究精细,我就要求必须细致。生命最重要!姜爷爷,我现在可以说是技术大咖了!"他女友投来羡慕的目光。临下车时学生讲:"我们同学都挺崇拜您,都愿意听您的课。等我有了儿子,我会把您的教导讲给孩子!"那天我特高兴,见到了还没忘记我的学生。我跟老伴讲,现在的年轻人就直来直去,跟学生相处言传身教,真得谨言慎行。

几十年教学,我与学生结下了深厚情谊。在忘年交的群体中,我常与学生沟通。学生身居要职或技术大咖,竟毫无傲气,一点也不摆架子。秋季他们邀请我去采摘。春节来拜年,见面非得来一个大拥抱。他们的孩子中学毕业要报考志愿,非得让孩子听听姜爷爷的看法。更有不见外的,半夜里打来电话询问:"您曾经给我们讲过要努力做到'五学会',麻烦您展开讲讲,我准备现贩现卖,明天我会在会上发言。"……

杂言碎语就此打住。词不达意,但无虚假,讲些个人感悟,做一名无悔的教师。

(作者原单位:人文与社会科学学院)

在图书馆工作的点滴
——我在图书馆工作的十年（1996—2006年）

● 曹树人

1996年11月底，我到图书馆做馆长工作至2006年年初卸任，前后历经十年。本文扼要记述自1996年年底到2006年年初，图书馆全体人员，继续夯实和推进图书馆工作的点滴情况。

一、人事上的递进变化

图书馆是一个可以供师生员工查阅文献的场所，还承担着通过自身的学术研究，为学校提供学科发展咨询的功能，是学术信息增值机构。

但由于某些原因，当时大多高校图书馆在学校的地位是一个类似"收容所"的存在，与它应有的身份和作用相悖。

在学校领导下，图书馆进行了一系列人事上的变化。

（1）大幅减少被安排人员进图书馆工作。

（2）改善整个图书馆人员结构：① 引进图书馆专业高素质人才，包括武大毕业的图书馆专业博士，以及其他学校图书馆专业的硕士学士。② 继续接收本校应届毕业生。③ 自主培养已在馆里工作的人员：支持两名在职人员读完博士。鼓励和支持全馆人员在校内校外参加各类培训班，增强专业知识及计算机知识。鼓励大家撰写论文，对自己工作进行研究。不断安排工作人员与国内外同行进行交流。④ 请学校有关部门领导来馆讲授学校情况，请兄弟图书馆领导传授知识和经验。

（3）开展竞聘的方式，遴选馆内各部门负责人。

二、改进员工服务方式，提高服务水平

（1）开架借阅。这在当时是领了学校军令状的，是教职员工和学生翘首盼望的，但又是非常艰巨的工作。因为馆舍结构完全不是为开架设计的。图书馆全体人员团结一致，动脑筋想办法，放弃休息，顶着酷暑高温，在狭窄的过道里贴磁针，楼上楼下倒腾书库，找空间设计和摆放新赶制的又大又沉的木质书架，以极快的速度，

从摸索到全馆推开，完成了一项具有里程碑式的任务。

（2）增设了参考咨询部。

（3）在原有计算机网络的基础上，借助北京高校图工委对全市高校图书馆开展计算机网络评估的契机和学校的大力支持，计算机的数量质量和网络的水平都有了长足进步和提高。

（4）在争取了学校的投入后，数字化资源的建设也日益加强。

（5）新馆的使用极大地促进了校图书馆现代化的实现，完成了与国际高校一流图书馆在馆舍和环境利用上的接轨。新馆的设计理念和使用操作是在实地考察香港科技大学图书馆以后，融入了馆员的意见，且在建设中不断完善的情形下建成的。大开间的设计，带包入馆的操作，人性化的安排和管理，与旧馆相得益彰的合理布局，再加上购置了大量先进的计算机和打印机等设备，在有形中提升了图书馆的硬件服务水平。

（6）尽力扶持和帮助学院资料室，使其形成有自己学院特色的小型信息库。

三、开展对外学习交流

首先派出了部主任一级的人员分批到香港科技大学和香港中文大学进行为期三个月的实地学习考察交流，然后由副馆长带队十几位人员集体去香港几个大学图书馆参观考察学习。

副馆长到美国的高校图书馆进修，派出几位人员去美国进行了短期学习交流。

在此基础上，图书馆筹建了研究所，开始招收研究生。图书馆还积极开展文体娱乐活动，增强全体馆员凝聚力。

通过全体人员的努力，这一阶段图书馆的工作有继承，有创新，为学校的发展提供了应有的服务。

（作者原单位：图书馆）

从物理教研室到物理系

●任光瑞

我是 1964 年年底由无线电系调到基础部物理教研室工作的。当时物理教研室有 60 余名教师，除少数为本校毕业生外，绝大多数是由全国综合性大学物理系毕业分配来的。教研室的主要任务，也可以说是唯一的任务，就是担负全校各系普通物理（后称大学物理）及其实验的教学任务，没有科研工作，也没有别的课程。随着我国改革开放的蓬勃发展，教育也与时俱进，日新月异。工科院校建理科，实现理工结合，优势互补，势在必行，这既是学校发展的需要，也是广大物理教师所期盼向往的。但物理教研室的现状显然是撑不起一个物理系的，经过大家几年的共同努力，物理教研室的面貌有了较大的变化。

有了一定的科研项目，改变了只有教学而无科研的状况。物理教研室的科研工作是从防静电危害开始的，经历了由小到大、由弱到强的发展过程，在多方面取得了令人瞩目的成绩，获得良好的社会效益和经济效益，其影响遍及国内外。举办过多次国内及国际的专业会议，首次主办的静电国际会议与会者达 360 人。科研工作的开展也促进了教学工作，提高了教学质量，物理专业硕士研究生学位授予权就是由静电研究室率先获准的。这些成绩的取得完全是参加该项目的老师们不计名利得失、不顾个人安危辛勤付出取得的，他们几乎走遍了兵器部在全国各地的工厂，在取得大量数据的基础上找规律，提标准，定措施，防危害。这些工作得到了学校及有关领导的肯定与支持，兵器部技安司不仅批项目拨经费，而且专款为静电研究室盖了 200m^2 的实验室，并在研究室建立了兵器部静电检测中心。为了把日本展览会上一款便携式静电检测仪留给我们，曾找到国务院副总理予以解决……，我们的研究还得到中国物理学会的鼎力支持，成立物理学会下的二级学会——静电专业委员会，挂靠北京工业学院物理教研室，其主任及秘书由物理教研室推出。物理学会会长出席成立大会，每次召开专业会议都给予支持。学校领导及有关部门更是有求必应，鼎力支持，基础部的领导亲力亲为，杨捷（书记）及李健（副主任）都曾和我们一起到生产第一线参加测试工作。

从 1977 年恢复高考开始，我们招收了物理师资班，这样就改变了原来只有普通物理一门课的状况，开出了除数学、外语等公共课之外的物理系的全部课程，并坚持隔年招生。

师资队伍有了一定的充实和提高,我们采取走出去、请进来的办法,使教师队伍得到提高和补充。先后派出四名教师出国访问交流,也引进多名人才,此外接受了一批新毕业的硕士生,教师队伍得到一定程度的加强。正是这些变化为物理系的成立创造了一定的条件,1985年,北京理工大学应用物理系宣告成立。

(作者原单位:物理学院)

峥嵘岁月 不忘初心来路

● 石德华

1955年，我被北京工业学院火炮专业录取。1958年，学校建立火箭专业，我被调到火箭地面设备的16专业。

1958年12月，我和当时的五系的刘继华同学奉命到河北昌黎靶场筹备发射基地，1959年1月，505科研组在昌黎靶场发射了一枚固体火箭，射高60千米。那个发射架是我设计的。

20世纪60年代初，当时的魏思文院长提出要大发展、大翻身、大提高，要建立应用物理系、应用数学系、应用力学系。我被留校分配在应用物理系。刚毕业就参与并负责1957级的一个班到天津电子仪器厂实习。但不久国家遇到了经济困难，魏院长的规划被取消了。我被分配到基础部的物理教研室，搞物理课的教学工作，同时参与物理实验课的教学和近代物理实验的建设工作，引入了计算机，建立了激光实验等。在华北地区教学研讨会，发表了论文《对象差问题的探讨》。1992年，我获北京理工大学教学成果二等奖；1994年，被聘为北京理工大学首届（1994级）本科教学实验班任课教师；1995年，被评为北京理工大学高水平课教师；1996年，获北京理工大学优秀教学成果一等奖；1997年，获北京市教学改革二等奖（集体）。

1997年退休，退休后在党委、关工委、物理学院的领导和关怀下，做了一些应做的工作。2009年，被离退休党委评为优秀党员；2017年，被北京理工大学评为优秀党员。在负责物理支部的工作时，2015年，组织全体党员和部分党外人士一起去军事博物馆参观"红军长征胜利80周年"展览，通过这次参观，同志们在思想上受到了极大震撼，受到了一次爱国、爱党、爱军的极其深刻的教育。2017年，全体党员和部分党外人士去北京展览馆参观"砥砺奋进的五年"大型成就展，大家为祖国的迅猛发展感到欢欣鼓舞。在"1+1"活动中，七八十岁的老同志和物理学院20多岁的研究生进行了思想交流，收获很大，而且搞了实践活动，一起参观了校史馆。我校诞生于烽火年代，现在已发展成为全国重点大学，培养了许多杰出管理干部和科研栋梁。老同志看了很亲切，年轻人看了很受鼓舞。我们学校的发展变化也是我们国家发展变化的一个缩影。我们支部做了这些应做的工作，受到了上级党委的鼓励。2014年、2015年、2016年获党日活动二等奖，2017年获党日活动优秀奖，还被评为处级先进党支部。2018年,在青老同心党支部"1+1"主题活动中,获学校创新案例三等奖。2019年,获北京理工大学"先进党组织"称号。我们在学校党委领导下,培育和践行社会主义核心价值观,为民族复兴大任尽绵薄之力。

(作者原单位:物理学院)

从教三十载　往事难忘怀

● 万葆红

我是物理学院物理实验中心教师，自从大学毕业分配到北理工直至退休，从教33年。记得当年我来学校报到的时候，学校的名称还是北京工业学院，现在的物理学院当时只是学校基础部下属的一个组，叫物理组。经过几十年的努力奋斗，当年的物理组已发展成为今天的物理学院，并且在各方面取得了可喜可贺的成绩。我所在的物理实验中心也发生了很大的变化，基础教学仪器的台套数从过去的两人一套仪器增加到一人一套，开发了更多新的实验项目。良乡校区专门建了物理实验楼，实验教学的面积和环境有了非常大的改善。

铁打的实验室流水的学生。我记不清33年的教师生涯中上过多少堂课，教过多少个学生，但曾经的教学场景，师生间发生过的往事难以忘怀。我校面向全国招生，学生有的来自城市，有的来自偏远的山区，不同地区的教学条件、教育水平有很大的差异。物理实验中心主任曾经以问卷的形式在学生中做过调查，反馈的信息不是很乐观，初、高中阶段的物理教学大多存在着重理论轻实验的现象，即便有物理实验，学时数也很少，有的学校甚至没有物理实验室（主要是偏远贫困地区），我想这也是造成学生实验动手能力有较大差异的原因之一。说到学生的实验能力，一次教学经历至今记忆犹新。那是20世纪90年代初，在一次实验课上（分光计测量折射率的实验），同学们都完成了实验内容离开了实验室，只有坐在最后面的一个女同学还在做实验。我走到她的桌旁，见她满头大汗，当我问她实验情况时，看到眼泪在她的眼眶里打转，她说仪器没有调好，观察不到实验的光学现象。接着她又说："老师对不起了，耽误您下课了，要不我再找个时间来补做吧。"这时我一边安慰她，让她别着急、慢慢来，一边再次给她讲解了调整仪器的方法要领和注意事项，指导她如何观察实验现象和找到正确的测量点，直到她顺利地完成实验。实验结束后她对我说，进入大学前从没做过物理实验，因为学校没有物理实验室。这件事情使我对学生实验能力的差异深有感触，同时也引起了我对物理实验教学的思考。我觉得实验教学不同于理论教学，仅靠课上的集体讲解是不够的，还应该在实验教学过程中有针对性地辅以个别指导。因此，在以后的实验教学中，我注意课上多巡视，观察学生的实验情况，发现实验中有困难、有问题的同学就及时询问，并及时地给予个别辅导。在33年的教学中,每当我看到学生拿着老师签过字的实验数据高高兴兴离开实验室的时候,心里都会产生一种难以言表的满足感。

我热爱教师这个职业,从走上教师岗位的那天起,就要求自己要认真地上好每一堂课,对每一个学生负责,不愧对教师的称谓。我庆幸在北理工从教三十载,能为北理工的发展贡献自己的力量。我感谢北理工和我教过的学生,因为是他们成就了我。如今我虽已退休,但仍心系北理工,关注北理工的发展,衷心希望北理工早日实现中国特色世界一流大学的建设目标!

(作者原单位:物理学院)